iskola - σχολείο   2
utazás - ταξίδι   5
közlekedés - μεταφορά   8
város - πόλη   10
táj - τοπίο   14
étterem - εστιατόριο   17
szupermarket - σούπερ μάρκετ   20
italok - ποτά   22
étel - φαγητό   23
gazdálkodás - αγρόκτημα   27
ház - σπίτι   31
nappali - σαλόνι   33
konyha - κουζίνα   35
fürdőszoba - μπάνιο   38
gyerekszoba - παιδικό δωμάτιο   42
ruházat - ρούχα   44
iroda - γραφείο   49
gazdaság - οικονομία   51
foglalkozások - επαγγέλματα   53
szerszámok - εργαλεία   56
hangszerek - μουσικά όργανα   57
állatkert - ζωολογικός κήπος   59
sportok - αθλήματα   62
tevékenységek - δραστηριότητες   63
család - οικογένεια   67
test - σώμα   68
kórház - νοσοκομείο   72
vészhelyzet - έκτακτη ανάγκη   76
föld - Γη   77
óra - ρολόι   79
hét - εβδομάδα   80
év - έτος   81
alakzatok - σχήματα   83
színek - χρώματα   84
ellentétek - αντίθετα   85
számok - αριθμοί   88
nyelvek - γλώσσες   90
ki / mi / hogyan - ποιος / τι / πως   91
hol - που   92

Impressum
Verlag: BABADADA GmbH, Nedderfeld 112 , 22529 Hamburg
Geschäftsführer / Verlagsleitung: Harald Hof
Druck: Books on Demand GmbH, In de Tarpen 42, 22848 Norderstedt

Imprint
Publisher: BABADADA GmbH, Nedderfeld 112 , 22529 Hamburg, Germany
Managing Director / Publishing direction: Harald Hof
Print: Books on Demand GmbH, In de Tarpen 42, 22848 Norderstedt

1

iskola
σχολείο

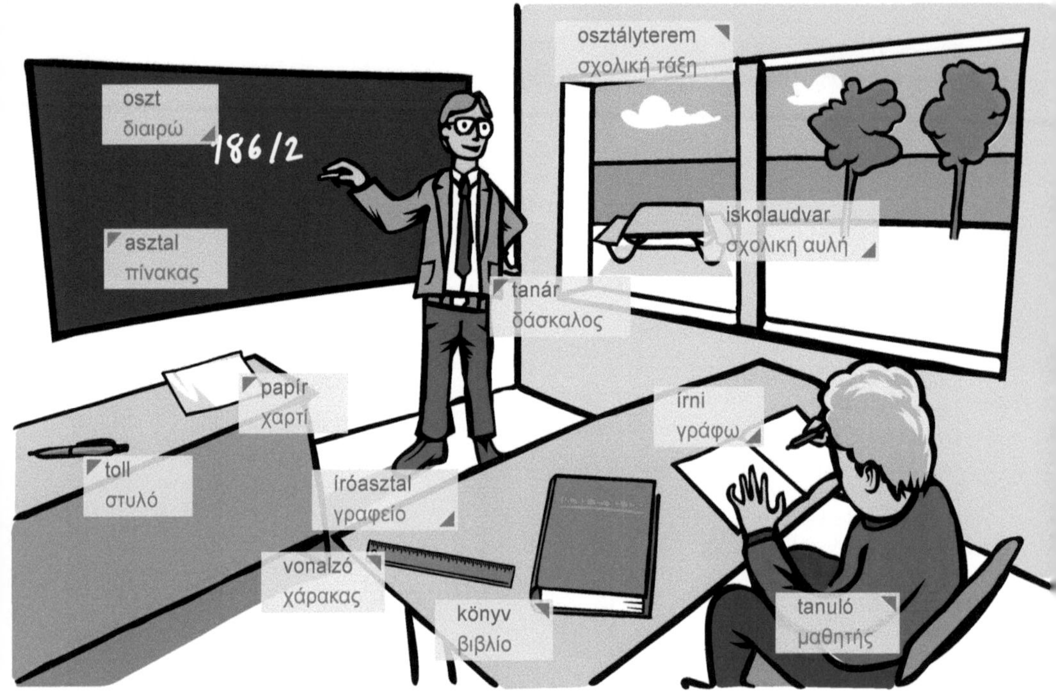
osztályterem
σχολική τάξη
oszt
διαιρώ
186/2
asztal
πίνακας
iskolaudvar
σχολική αυλή
tanár
δάσκαλος
papír
χαρτί
írni
γράφω
toll
στυλό
íróasztal
γραφείο
vonalzó
χάρακας
könyv
βιβλίο
tanuló
μαθητής

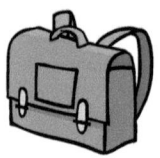

iskolatáska

σχολική τσάντα

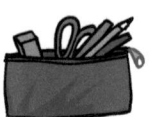

tolltartó

κασετίνα/ μολυβοθήκη

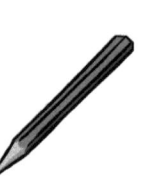

ceruza

μολύβι

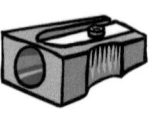

ceruzahegyező

ξύστρα

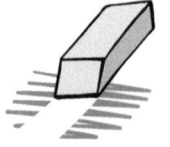

radír

γόμα

rajzfüzet

μπλοκ ζωγραφικής

rajz

ζωγραφική

ecset

πινέλο

festőkészlet

κουτί χρωμάτων

olló

ψαλίδι

ragasztó

κόλλα

munkafüzet

τετράδιο ασκήσεων

házi feladat

εργασία για το σπίτι

12

szám

αριθμός

2+2

összead

προσθέτω

5-2

kivon

αφαιρώ

2×2

szoroz

πολλαπλασιάζω

számol

υπολογίζω

A

betű

γράμμα

ABCDEFG
HIJKLMN
OPQRSTU
VWXYZ

ABC

αλφάβητο

szó

λέξη

szöveg

κείμενο

olvasni

διαβάζω

kréta

κιμωλία

tanóra

μάθημα

napló

εγγράφομαι

vizsga

τεστ

bizonyítvány

πιστοποιητικό

iskolai egyenruha

μαθητική στολή

oktatás

εκπαίδευση

enciklopédia

εγκυκλοπαίδεια

egyetem

πανεπιστήμιο

mikroszkóp

μικροσκόπιο

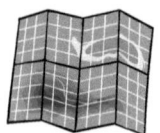

térkép

χάρτης

papír-hulladék gyűjtő

καλάθι αχρήστων

utazás
ταξίδι

hotel
ξενοδοχείο
Grand
szállás
ξενώνας
ROOMS
EXCHANGE
valutaváltó iroda
ανταλλακτήρια συναλλάγματος
bőrönd
βαλίτσα
autó
αυτοκίνητο

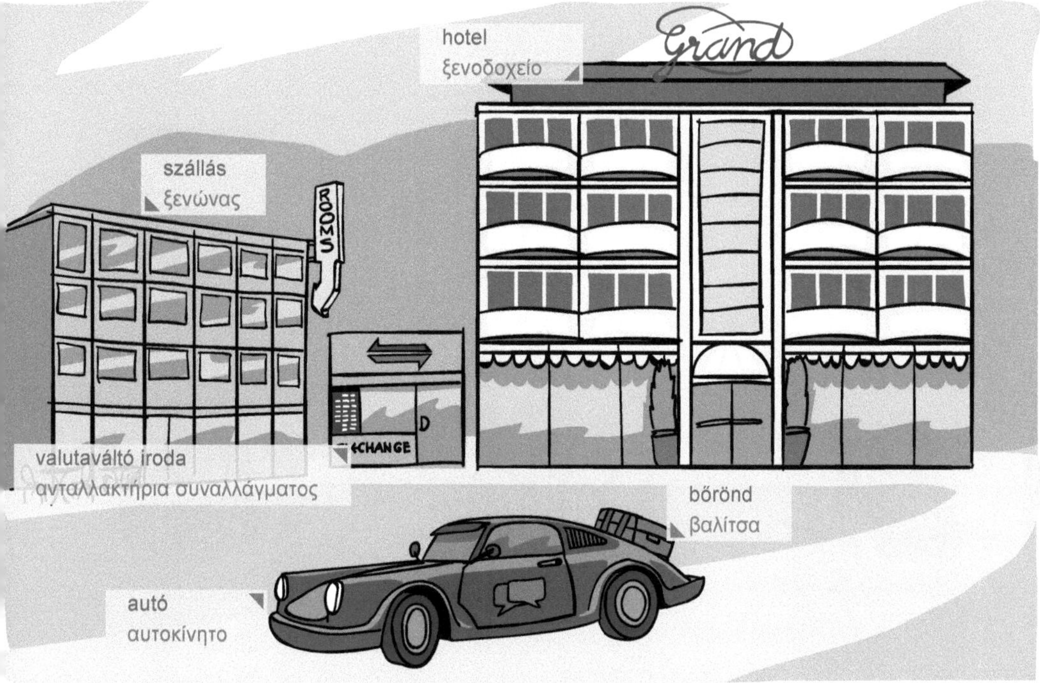

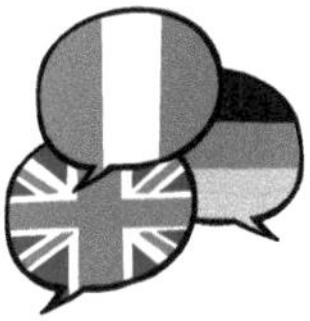

nyelv

γλώσσα

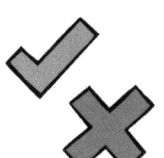

igen/nem

ναι / όχι

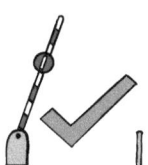

rendben

εντάξει

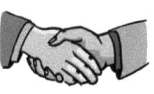

szia

γεια σου

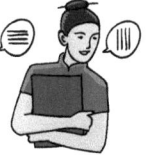

fordító

μεταφραστής

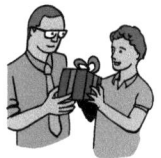

köszönöm

Ευχαριστώ

mennyibe kerül...?

πόσο κάνει ;

nem értem

Δε καταλαβαίνω

probléma

πρόβλημα

Jó estét!

Καλησπέρα!

jó reggelt!

Καλημέρα!

jó éjszakát!

Καληνύχτα!

viszontlátásra

Αντίο

útirány

κατεύθυνση

poggyász

αποσκευές

táska

τσάντα

hátizsák

σακίδιο πλάτης

vendég

καλεσμένος

szoba

δωμάτιο

hálózsák

υπνόσακος

sátor

σκηνή

turista információ

τουριστικές πληροφορίες

strand

παραλία

hitelkártya

πιστωτική κάρτα

reggeli

πρωινό

ebéd

μεσημεριανό

vacsora

δείπνο

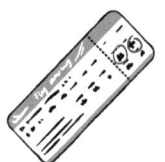

jegy

εισιτήριο

lift

ανελκυστήρας

bélyeg

γραμματόσημο

határ

σύνορα

vám

τελωνείο

nagykövetség

πρεσβεία

vízum

βίζα

útlevél

διαβατήριο

közlekedés
μεταφορά

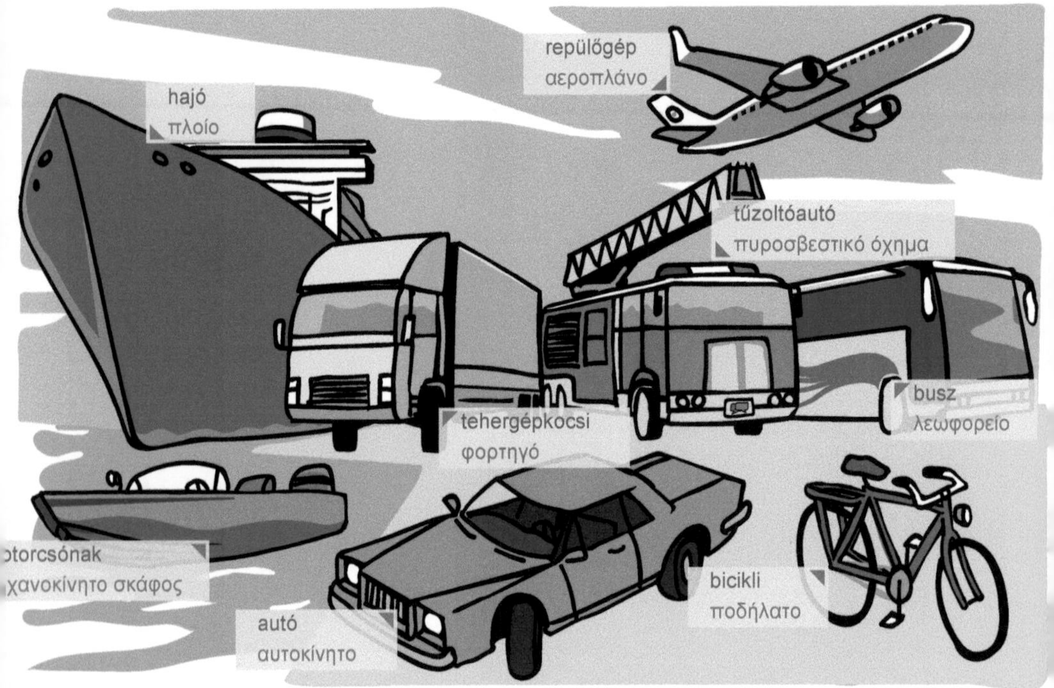

repülőgép
αεροπλάνο
hajó
πλοίο
tűzoltóautó
πυροσβεστικό όχημα
busz
λεωφορείο
tehergépkocsi
φορτηγό
torcsónak
χανοκίνητο σκάφος
bicikli
ποδήλατο
autó
αυτοκίνητο

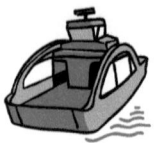

komp

φεριμπότ

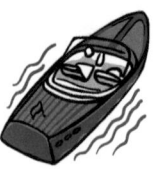

csónak

βάρκα

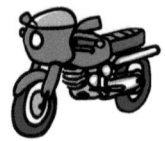

motorkerékpár

μοτοσικλέτα

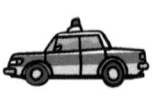

rendőrautó

περιπολικό

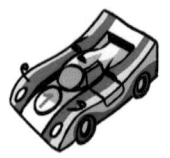

versenyautó

αγωνιστικό αυτοκίνητο

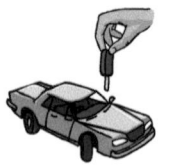

bérautó

ενοικιαζόμενο αυτοκίνητο

telekocsi

διαμοιρασμός αυτοκινήτων

vontató

γερανός

szemetes autó

απορριμματοφόρο

motor

κινητήρας

üzemanyag

καύσιμο

benzinkút

βενζινάδικο

közlekedési tábla

πινακίδα σήμανσης

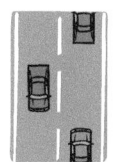

forgalom

κυκλοφορία

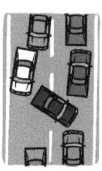

forgalmi dugó

κυκλοφοριακή συμφόρηση

parkoló

χώρος στάθμευσης

vonatállomás

σιδηροδρομικός σταθμός

sínek

σιδηροδρομικές γραμμές

vonat

τρένο

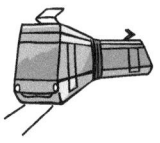

villamos

τραμ

vagon

βαγόνι

helikopter

ελικόπτερο

repülőtér

αεροδρόμιο

torony

πύργος

utas

επιβάτης

konténer

εμπορευματοκιβώτιο

kartondoboz

χαρτοκιβώτιο

taliga

καρότσι

kosár

καλάθι

felszáll / leszáll

απογειώνομαι /
προσγειόνομαι

város

πόλη

falu

χωριό

városközpont

κέντρο της πόλης

ház

σπίτι

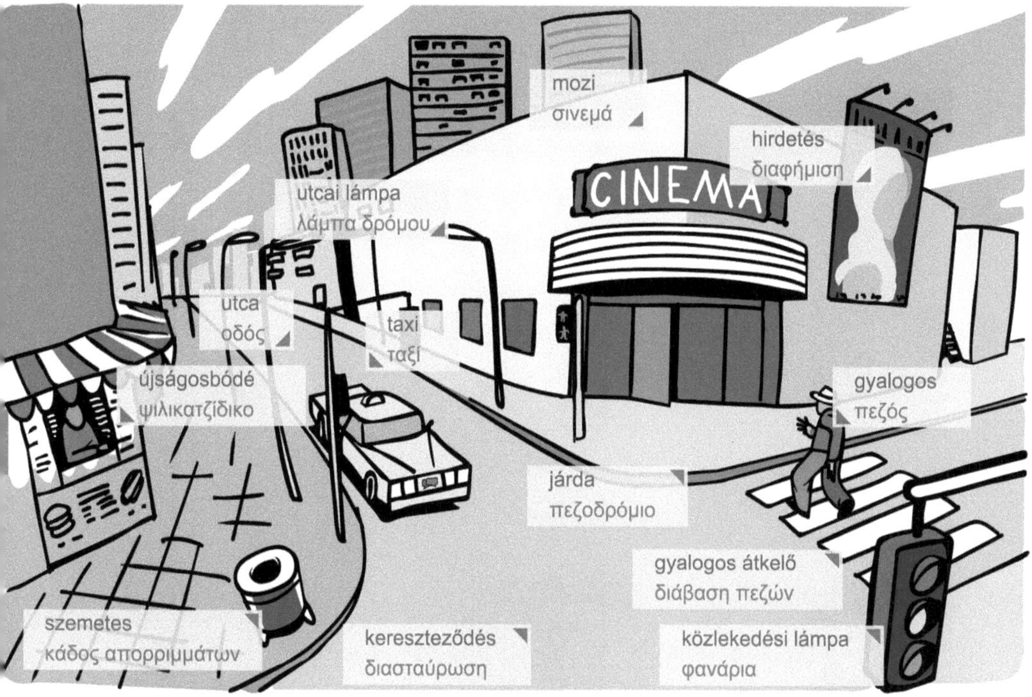

Városkép / Top illustration labels

mozi / σινεμά

hirdetés / διαφήμιση

utcai lámpa / λάμπα δρόμου

utca / οδός

taxi / ταξί

újságosbódé / ψιλικατζίδικο

gyalogos / πεζός

járda / πεζοδρόμιο

gyalogos átkelő / διάβαση πεζών

szemetes / κάδος απορριμμάτων

kereszteződés / διασταύρωση

közlekedési lámpa / φανάρια

kunyhó

kalúba — καλύβα

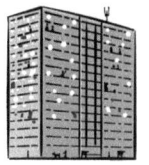

lakás

διαμέρισμα

vonatállomás

σιδηροδρομικός σταθμός

városháza

δημαρχείο

múzeum

μουσείο

iskola

σχολείο

egyetem

πανεπιστήμιο

bank

τράπεζα

kórház

νοσοκομείο

hotel

ξενοδοχείο

gyógyszertár

φαρμακείο

iroda

γραφείο

könyvesbolt

βιβλιοπωλείο

üzlet

κατάστημα

virágüzlet

ανθοπωλείο

szupermarket

σούπερ μάρκετ

piac

αγορά

áruház

πολυκατάστημα

halárus

ιχθυοπωλείο

bevásárló központ

εμπορικό κέντρο

kikötő

λιμάνι

park

πάρκο

pad

παγκάκι

híd

γέφυρα

lépcső

σκάλες

metró

μετρό

alagút

τούνελ

buszmegálló

στάση λεωφορείου

bár

μπαρ

étterem

εστιατόριο

postaláda

γραμματοκιβώτιο

utcatábla

πινακίδα δρόμου

parkoló óra

παρκόμετρο

állatkert

ζωολογικός κήπος

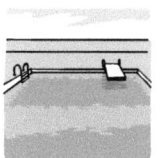

uszoda

πισίνα

mecset

τζαμί

gazdálkodás
αγρόκτημα

környezetszennyezés
ρύπανση

temető
νεκροταφείο

templom
εκκλησία

játszótér
παιδική χαρά

szentély
ναός

táj

τοπίο

levél
φύλλο

útjelző tábla
πινακίδα κατεύθυνσης

út
δρόμος

rét
λιβάδι

kő
πέτρα

fa
δέντρο

túrázó
πεζοπόρος

folyó
ποτάμι

fű
χορτάρι

virág
λουλούδι

völgy

κοιλάδα

domb

λόφος

tó

λίμνη

erdő

δάσος

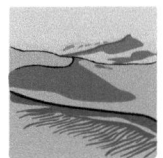

sivatag

έρημος

vulkán

ηφαίστειο

kastély

κάστρο

szivárvány

ουράνιο τόξο

gomba

μανιτάρι

pálmafa

φοίνικας

szúnyog

κουνούπι

légy

μύγα

hangya

μυρμήγκι

méhecske

μέλισσα

pók

αράχνη

bogár

σκαθάρι

béka

βάτραχος

mókus

σκίουρος

sündisznó

σκαντζόχοιρος

nyúl

λαγός

bagoly

κουκουβάγια

madár

πουλί

hattyú

κύκνος

vaddisznó

αγριογούρουνο

szarvas

ελάφι

rénszarvas

άλκη

gát

φράγμα

szélturbina

ανεμογεννήτρια

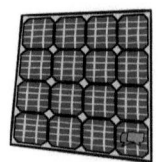

napelem

ηλιακός συλλέκτης

éghajlat

κλίμα

táj - τοπίο

étterem

εστιατόριο

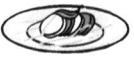

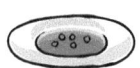

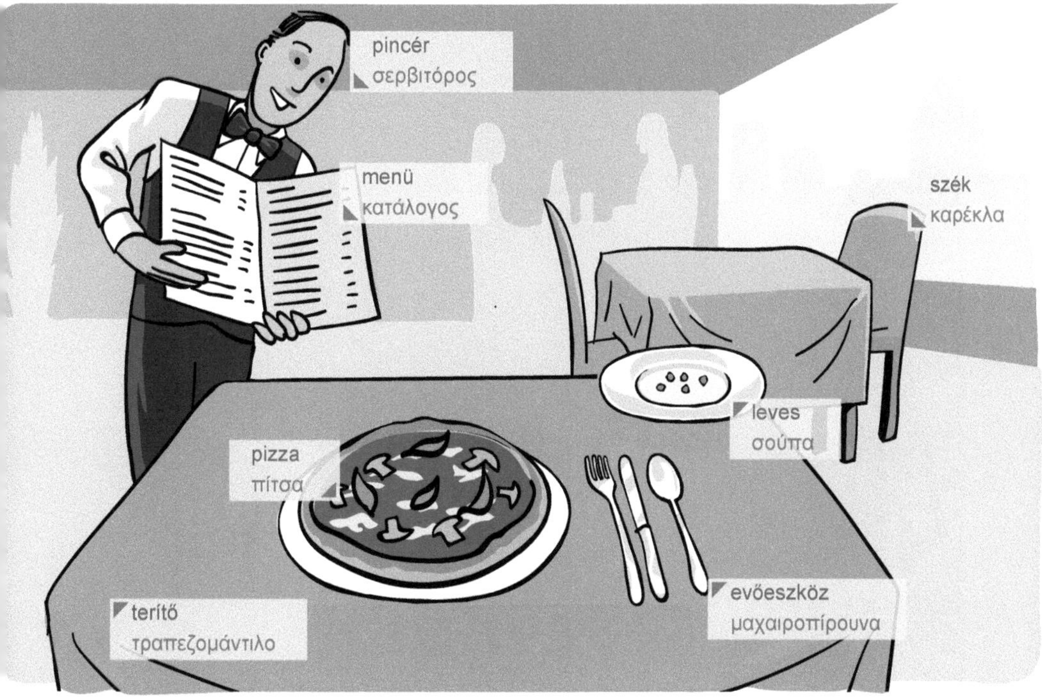
pincér
σερβιτόρος
menü
κατάλογος
szék
καρέκλα
leves
σούπα
pizza
πίτσα
terítő
τραπεζομάντιλο
evőeszköz
μαχαιροπίρουνα

előétel

ορεκτικό

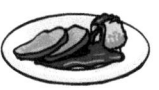

főétel

κύριο πιάτο

desszert

επιδόρπιο

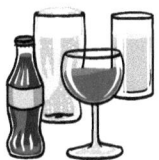

italok

ποτά

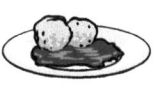

étel

φαγητό

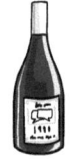

üveg

μπουκάλι

gyorsétel

φαστ φουντ

gyorsétel

φαγητό στ' όρθιο

teás kanna

τσαγιέρα

cukortartó

δοχείο ζάχαρης

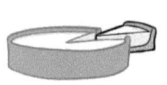

adag

μερίδα

eszpresszógép

μηχανή εσπρέσο

bárszék

ψηλή καρέκλα

számla

λογαριασμός

tálca

δίσκος

kés

μαχαίρι

villa

πιρούνι

kanál

κουτάλι

teáskanál

κουταλάκι του τσαγιού

szalvéta

πετσέτα φαγητού

pohár

ποτήρι

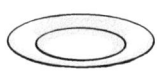

tányér

πιάτο

leveses tányér

πιάτο σούπας

csészealj

πιατάκι φλιτζανιού

szósz

σάλτσα

sószóró

αλατιέρα

borsőrlő

μύλος για πιπέρι

ecet

ξύδι

étkezési olaj

λάδι

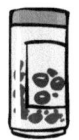

fűszerek

μπαχαρικά

ketchup

κέτσαπ

mustár

μουστάρδα

majonéz

μαγιονέζα

szupermarket
σούπερ μάρκετ

különleges ajánlat
προσφορά
FOR
ügyfél
πελάτης
tejtermék
γαλακτοκομικά προϊόντα
gyümölcsök
φρούτα
bevásárló kocsi
καρότσι για ψώνια

BUTCHERS

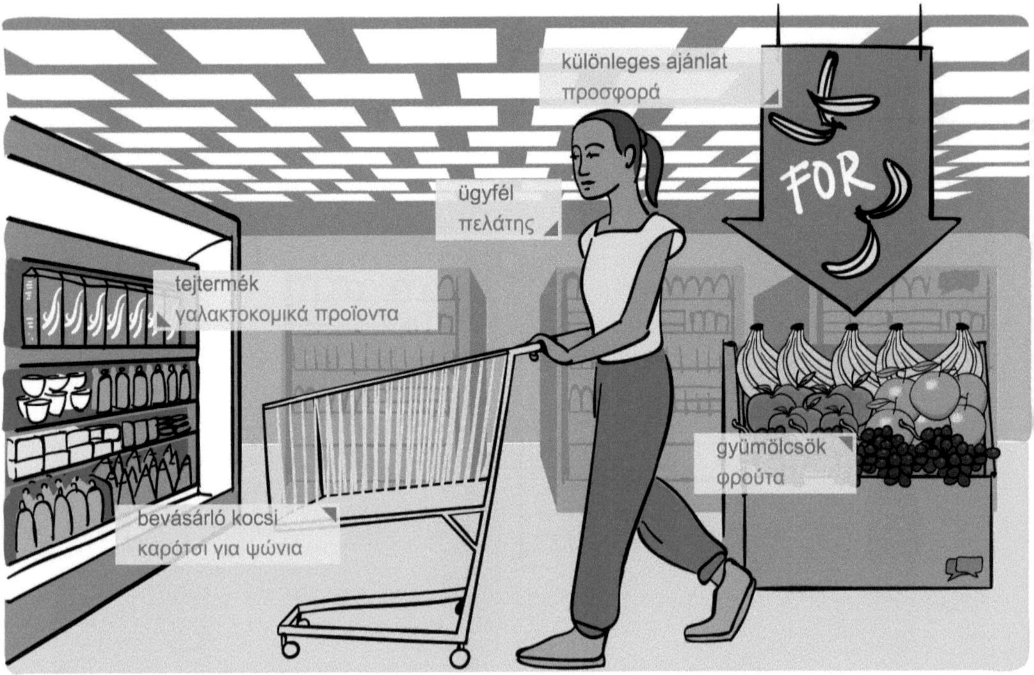

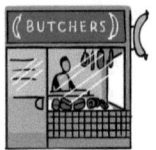

hentes

κρεοπωλείο

BAKERY

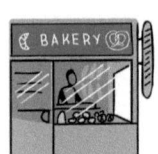

pékség

φούρνος

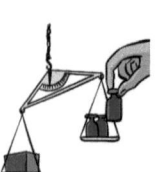

nyom valamennyit

ζυγίζω

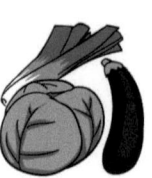

zöldség

λαχανικά

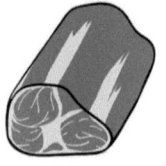

hús

κρέας

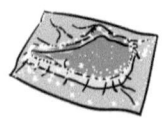

fagyasztott áru

κατεψυγμένα τρόφιμα

felvágott
αλλαντικά

konzerv
κονσερβοποιημένη τροφή

mosópor
απορρυπαντικό ρούχων

édességek
γλυκά

háztartási termék
οικιακά είδη

tisztítószerek
καθαριστικά προϊόντα

eladó
πωλήτρια

pénztárgép
ταμείο

eladó
ταμίας

bevásárló lista
λίστα για ψώνια

nyitva tartás
ωράριο λειτουργίας

levéltárca
πορτοφόλι

hitelkártya
πιστωτική κάρτα

zacskó
τσάντα

műanyag zacskó
πλαστική σακούλα

víz
νερό

gyümölcslé
χυμός

tej
γάλα

kóla
κόκα κόλα

bor
κρασί

sör
μπίρα

alkohol
αλκοόλ

kakaó
κακάο

tea
τσάι

kávé
καφές

eszpresszó
εσπρέσο

kapucsínó
καπουτσίνο

banán

μπανάνα

alma

μήλο

narancs

πορτοκάλι

sárgadinnye

πεπόνι

citrom

λεμόνι

sárgarépa

καρότο

fokhagyma

σκόρδο

bambusz

μπαμπού

hagyma

κρεμμύδι

gomba

μανιτάρι

magvak

ξηροί καρποί

nokedli

νουντλς

spagetti

μακαρόνια

rizs

ρύζι

saláta

σαλάτα

sült krumpli

πατατάκια

sült burgonya

τηγανητές πατάτες

pizza

πίτσα

hamburger

χάμπουργκερ

szendvics

σάντουιτς

hússzelet

κοτολέτα

sonka

ζαμπόν

szalámi

σαλάμι

kolbász

λουκάνικο

csirke

κοτόπουλο

pecsenye

ψητό

hal

ψάρι

étel - φαγητό

zabkása

χυλός βρώμης

müzli

μούσλι

kukoricapehely

κορν φλέικς

liszt

αλεύρι

croissant

κρουασάν

zsemle

ψωμάκι

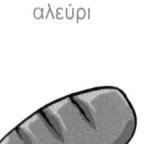

kenyér

ψωμί

pirítós kenyér

τοστ

keksz

μπισκότα

vaj

βούτυρο

túró

τυρόπηγμα

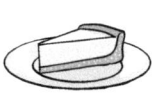

sütemény

κέικ

tojás

αυγό

tükörtojás

τηγανητό αυγό

sajt

τυρί

étel - φαγητό

jégkrém

παγωτό

cukor

ζάχαρη

méz

μέλι

lekvár

μαρμελάδα

mogyorókrém

άλλειμμα σοκολάτας

curry

κάρυ

étel - φαγητό

gazdálkodás
αγρόκτημα

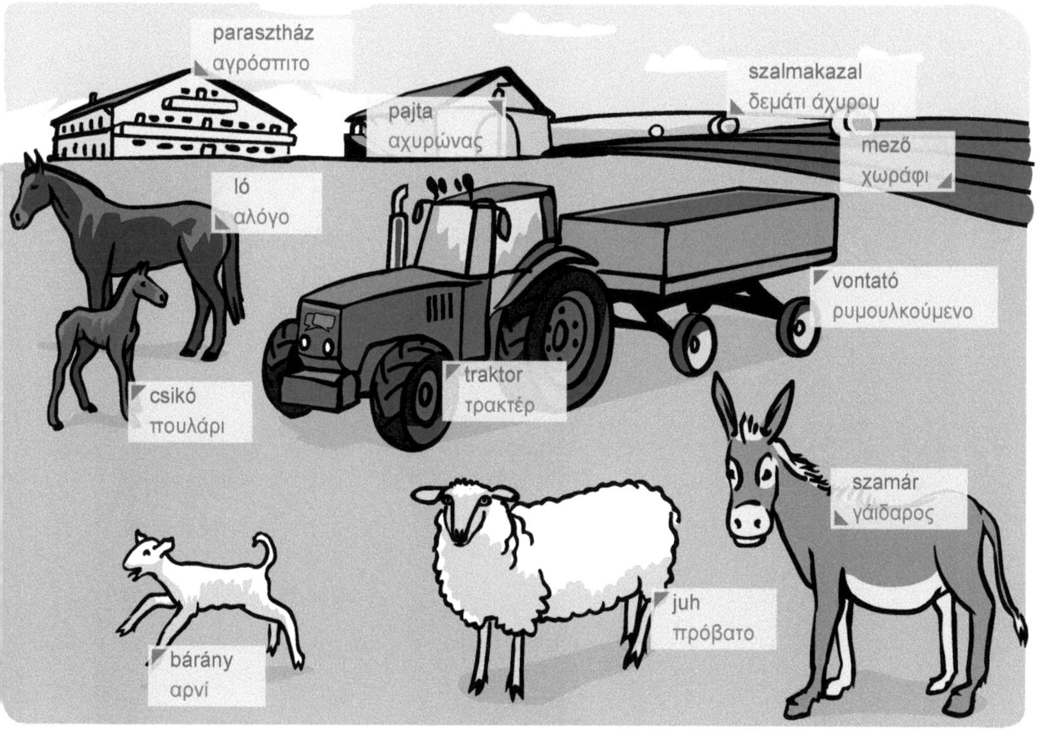
parasztház
αγρόσπιτο
pajta
αχυρώνας
szalmakazal
δεμάτι άχυρου
mező
χωράφι
ló
αλόγο
vontató
ρυμουλκούμενο
traktor
τρακτέρ
csikó
πουλάρι
szamár
γάιδαρος
juh
πρόβατο
bárány
αρνί

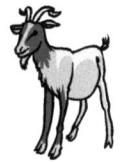

kecske
κατσίκα

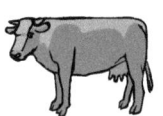

tehén
αγελάδα

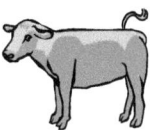

borjú
μοσχαράκι

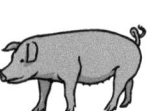

malac
γουρούνι

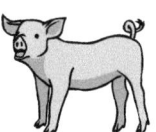

kismalac
γουρουνάκι

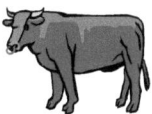

bika
ταύρος

liba

χήνα

kacsa

πάπια

csibe

κοτοπουλάκι

tojó

κότα

kakas

κόκορας

patkány

αρουραίος

macska

γάτα

egér

ποντίκι

ökör

βόδι

kutya

σκύλος

kutyaház

σπιτάκι σκύλου

kerti öntözőcső

λάστιχο κήπου

öntözőkanna

ποτιστήρι

kasza

θεριστήρι

eke

αλέτρι

sarló
δρεπάνι

kapa
τσάπα

vasvilla
δίκρανο

fejsze
τσεκούρι

talicska
χειράμαξα

teknő
ταΐστρα

tejes kancsó
δοχείο γάλακτος

zsák
σάκος

kerítés
φράχτης

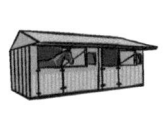

istálló
στάβλος

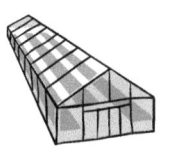

üvegház
θερμοκήπιο

talaj
έδαφος

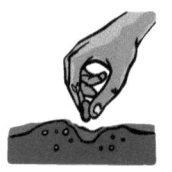

vetőmag
σπόρος

trágya
λίπασμα

cséplőgép
θεριζοαλωνιστική μηχανή

szüretelni

θερίζω

betakarítás

συγκομιδή

yamgyökér

γιαμς

búza

σιτάρι

szója

σόγια

burgonya

πατάτα

kukorica

καλαμπόκι

repcemag

κράμβη

gyümölcsfa

οπωροφόρο δέντρο

manióka

μανιόκα

gabona

δημητριακά

ház

σπίτι

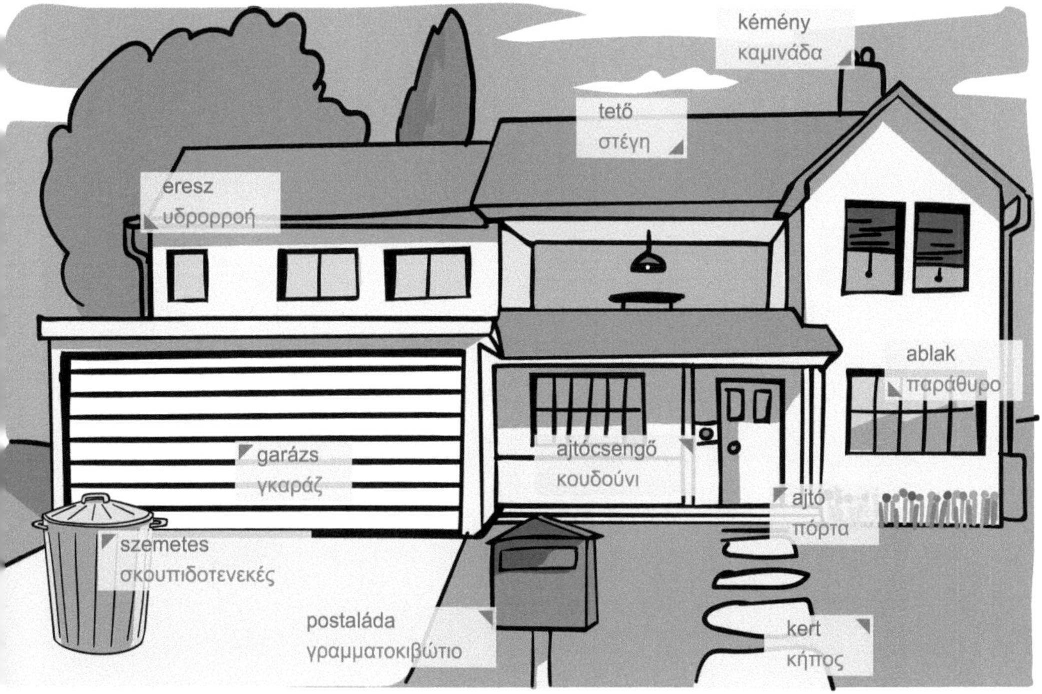
kémény
καμινάδα
tető
στέγη
eresz
υδρορροή
ablak
παράθυρο
garázs
γκαράζ
ajtócsengő
κουδούνι
ajtó
πόρτα
szemetes
σκουπιδοτενεκές
postaláda
γραμματοκιβώτιο
kert
κήπος

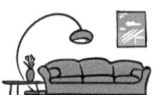

nappali

σαλόνι

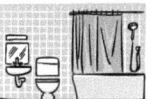

fürdőszoba

μπάνιο

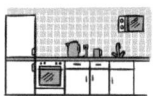

konyha

κουζίνα

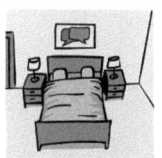

hálószoba

υπνοδωμάτιο

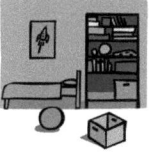

gyerekszoba

παιδικό δωμάτιο

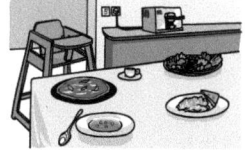

ebédlő

τραπεζαρία

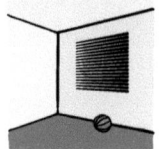

padló

πάτωμα

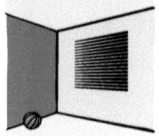

fal

τοίχος

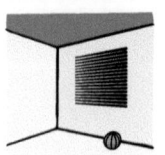

plafon

οροφή

pince

κελάρι

szauna

σάουνα

erkély

μπαλκόνι

terasz

βεράντα

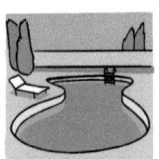

medence

πισίνα

fűnyíró

μηχανή του γκαζόν

lepedő

σεντόνι

ágytakaró

κάλυμμα κρεβατιού

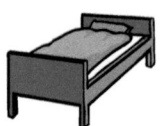

ágy

κρεβάτι

seprű

σκούπα

vödör

κουβάς

kapcsoló

διακόπτης

nappali
σαλόνι

tapéta
ταπετσαρία
kép
φωτογραφία
polc
ράφι
kandalló
τζάκι
televízió
τηλεόραση
szekrény
ντουλάπι
lámpa
λάμπα
virág
λουλούδι
párna
μαξιλάρι
kanapé
καναπές
váza
βάζο
távirányító
τηλεκοντρόλ

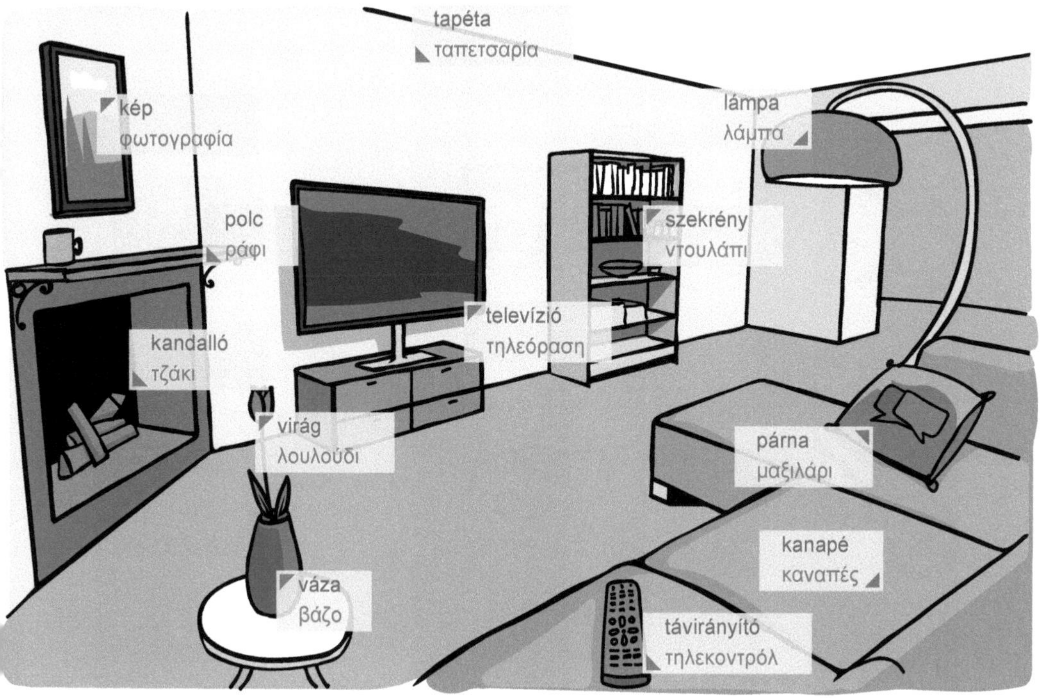

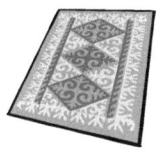

szőnyeg

χαλί

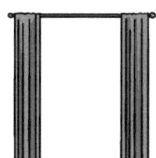

függöny

κουρτίνα

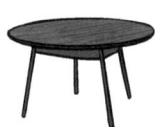

asztal

τραπέζι

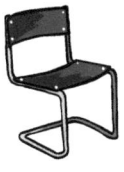

szék

καρέκλα

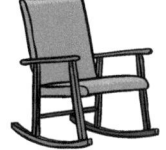

hintaszék

κουνιστή πολυθρόνα

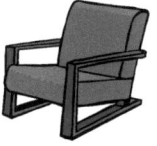

karosszék

πολυθρόνα

könyv

βιβλίο

takaró

κουβέρτα

dekoráció

διακόσμηση

tűzifa

καυσόξυλα

film

ταινία

hifi

στερεοφωνικό σύστημα

kulcs

κλειδί

újság

εφημερίδα

festmény

πίνακας ζωγραφικής

poszter

αφίσα

rádió

ραδιόφωνο

jegyzetfüzet

σημειωματάριο

porszívó

ηλεκτρική σκούπα

kaktusz

κάκτος

gyertya

κερί

konyha
κουζίνα

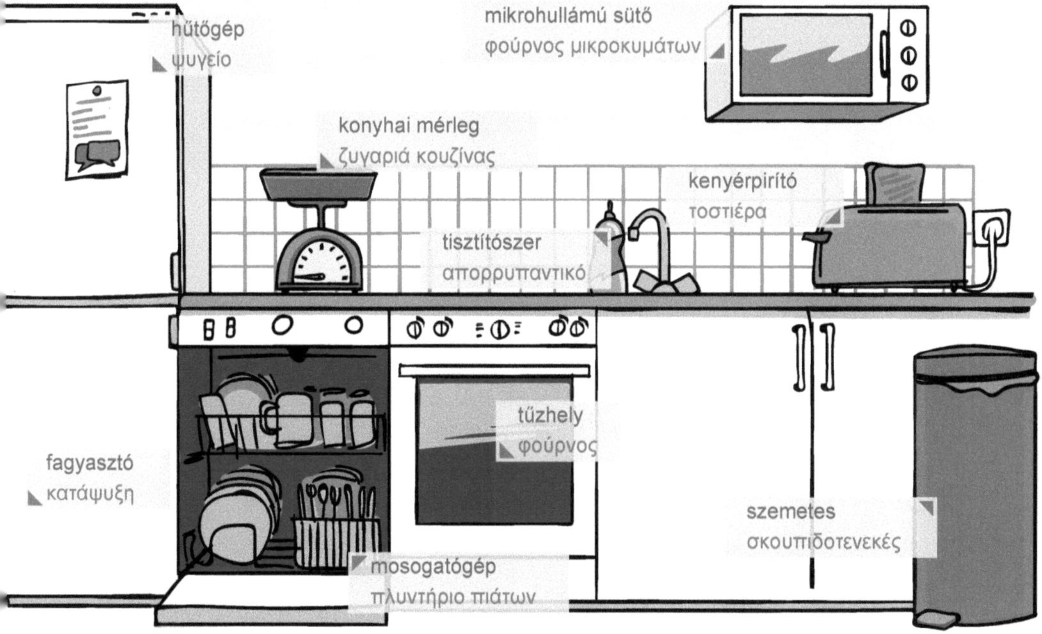

hűtőgép
ψυγείο
mikrohullámú sütő
φούρνος μικροκυμάτων
konyhai mérleg
ζυγαριά κουζίνας
kenyérpirító
τοστιέρα
tisztítószer
απορρυπαντικό
tűzhely
φούρνος
fagyasztó
κατάψυξη
szemetes
σκουπιδοτενεκές
mosogatógép
πλυντήριο πιάτων

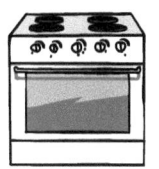

tűzhely
κουζίνα

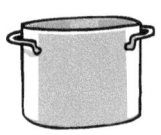

edény
κατσαρόλα

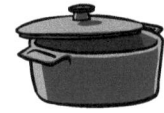

vasfazék
μαντεμένια κατσαρόλα

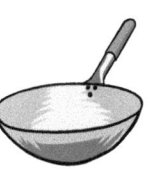

wok / kadai
γουόκ/καντάι

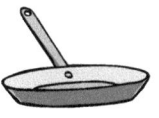

serpenyő
τηγάνι

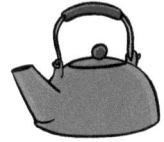

vízforraló
βραστήρας

pároló

ατμομάγειρας

tepsi

ταψί

étkészlet

πιατικά

bögre

κούπα

tálka

μπολ

evőpálcika

ξυλάκια

merőkanál

κουτάλα

keverőlapátka

σπάτουλα

habverő

ανακατεύω

szűrő

σουρωτήρι

szita

σουρωτηράκι

reszelő

τρίφτης

mozsár

γουδί

grillsütő

ψησταριά

kandalló

ανοιχτή φωτιά

vágódeszka

σανίδα κοπής

sodrófa

πλάστης

dugóhúzó

ανοιχτήρι φελλών

doboz

κονσέρβα

konzervnyitó

ανοιχτήρι κονσέρβας

edényfogó

γάντι φούρνου

mosogató

νεροχύτης

kefe

βούρτσα

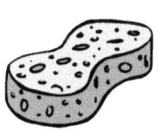

szivacs

σφουγγάρι

turmixgép

μπλέντερ

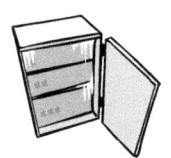

mélyhűtő

καταψύκτης

cumisüveg

μπιμπερό

csap

βρύση

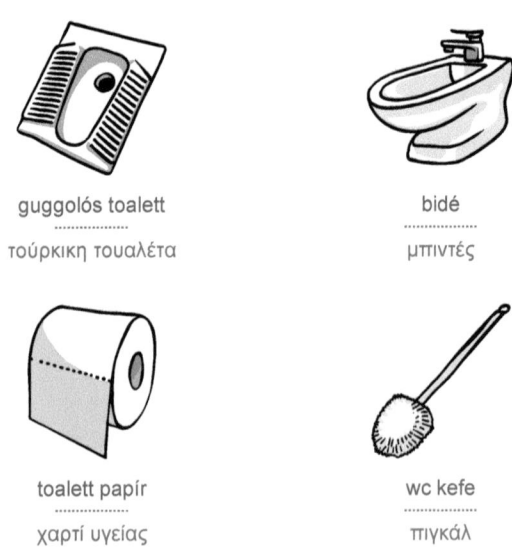

fürdőszoba

μπάνιο

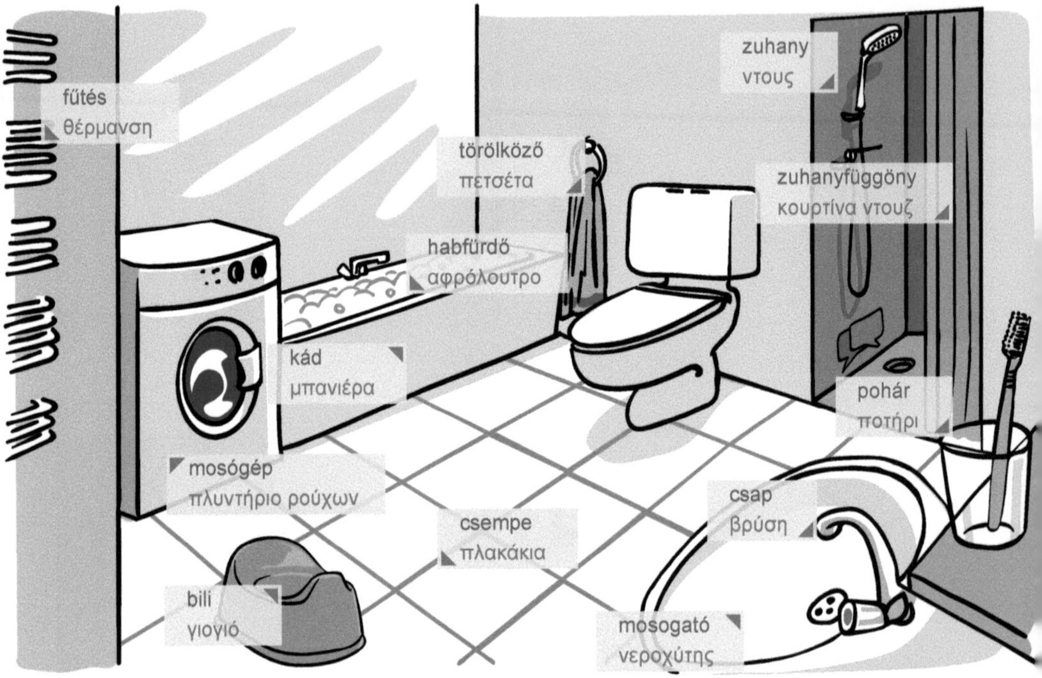

fűtés
θέρμανση
törölköző
πετσέτα
zuhany
ντους
zuhanyfüggöny
κουρτίνα ντουζ
habfürdő
αφρόλουτρο
kád
μπανιέρα
mosógép
πλυντήριο ρούχων
csempe
πλακάκια
pohár
ποτήρι
csap
βρύση
bili
γιογιό
mosogató
νεροχύτης

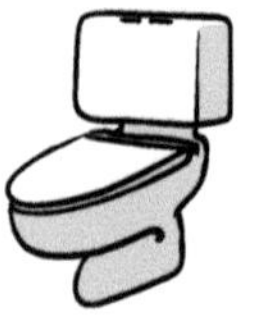

toalett

τουαλέτα

guggolós toalett

τούρκικη τουαλέτα

bidé

μπιντές

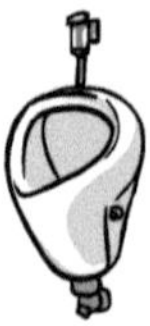

piszoár

ουρητήριο

toalett papír

χαρτί υγείας

wc kefe

πιγκάλ

fogkefe	**fogkrém**	**fogselyem**
οδοντόβουρτσα	οδοντόκρεμα	οδοντικό νήμα
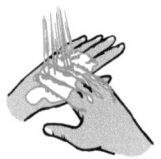		
mosni	**kézi zuhany**	**intimzuhany**
πλένω	τηλέφωνο ντους	ντουσιέρα

mosdótál	**hátmosó kefe**	**szappan**
λεκάνη	βούρτσα πλάτης	σαπούνι

tusfürdő	**sampon**	**mosdókesztyű**
αφρόλουτρο	σαμπουάν	φανέλα

lefolyó	**krém**	**dezodor**
σιφόνι	κρέμα	αποσμητικό

tükör

καθρέφτης

kézitükör

καθρέφτης χειρός

borotva

ξυραφάκι

borotvahab

αφρός ξυρίσματος

borotválkozás utáni arcszesz

αφτερσέιβ

fésű

χτένα

hajkefe

βούρτσα

hajszárító

σεσουάρ

hajlakk

λακ

smink

μακιγιάζ

ajakrúzs

κραγιόν

körömlakk

βερνίκι νυχιών

vatta

βαμβάκι

körömvágó olló

ψαλίδι νυχιών

parfüm

άρωμα

neszesszer

νεσεσέρ

sámli

σκαμπό

mérleg

ζυγαριά

köntös

μπουρνούζι

gumikesztyű

ελαστικά γάντια

tampon

ταμπόν

egészségügyi betét

πετσέτα υγιεινής

vegyi WC

χημική τουαλέτα

gyerekszoba
παιδικό δωμάτιο

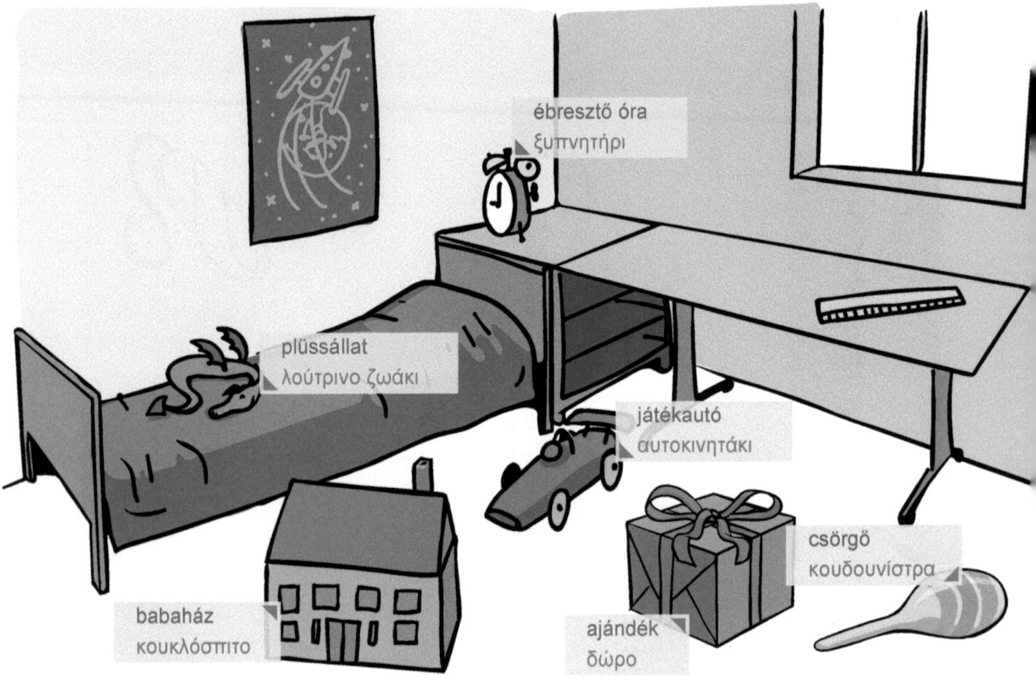

ébresztő óra
ξυπνητήρι
plüssállat
λούτρινο ζωάκι
játékautó
αυτοκινητάκι
csörgő
κουδουνίστρα
babaház
κουκλόσπιτο
ajándék
δώρο

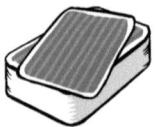

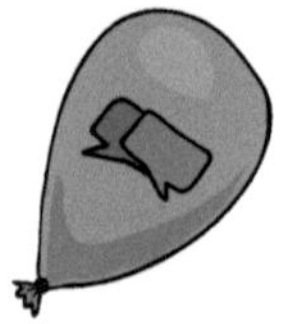

lufi
μπαλόνι

ágy
κρεβάτι

babakocsi
καροτσάκι

kártyapakli
τράπουλα

kirakós játék
παζλ

képregény
κόμικς

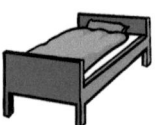

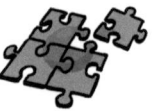

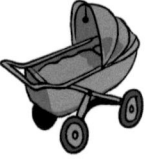

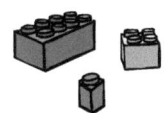

építőkockák

τουβλάκια lego

építőelem

τουβλάκια κατασκευών

szuperhős

φιγούρα δράσης

rugdalózó

βρεφικό φορμάκι

frizbi

φρίσμπι

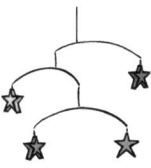

zenélő forgó

μόμπιλο

társasjáték

επιτραπέζιο παιχνίδι

kocka

ζάρια

modellvasút

σετ τρενάκι

cumi

πιπίλα

zsúr

πάρτι

képeskönyv

εικονογραφημένο βιβλίο

labda

μπάλα

baba

κούκλα

játszani

παίζω

homokozó

σκάμμα με άμμο

hinta

κούνια

játékok

παιχνίδια

videójáték konzol

κονσόλα βιντεοπαιχνιδιών

tricikli

τρίκυκλο

teddi maci

αρκουδάκι

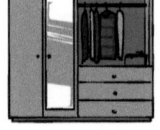

ruhásszekrény

ντουλάπα

ruházat
ρούχα

zokni

κάλτσες

harisnya

καλτσοδέτες

harisnyanadrág

καλσόν

sál
κασκόλ

esernyő
ομπρέλα

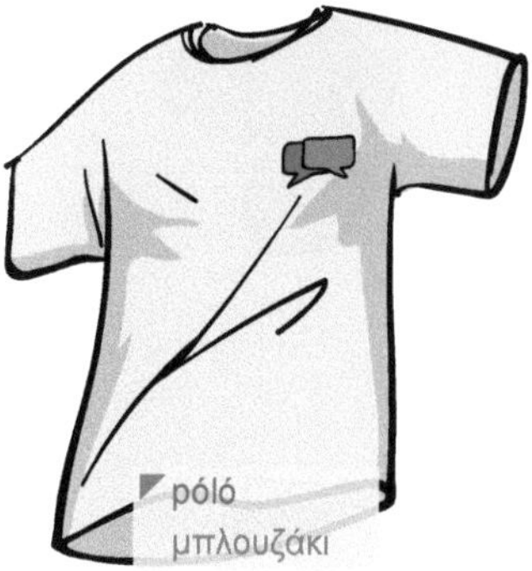

póló
μπλουζάκι

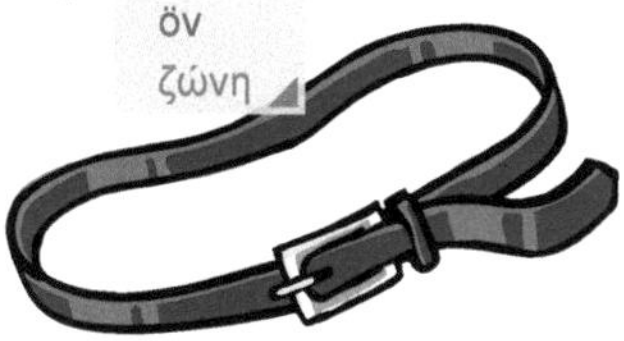

öv
ζώνη

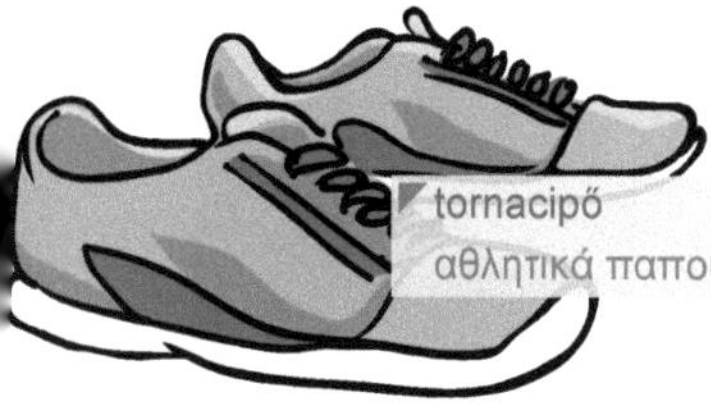

csizma
μπότες

papucs
παντόφλες

tornacipő
αθλητικά παπούτσια

szandál
σανδάλια

cipő
παπούτσια

gumicsizma
γαλότσες

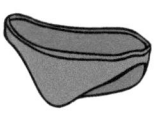

alsónadrág
εσώρουχο

melltartó
σουτιέν

mellény
φανέλα

body
σώμα

nadrág
παντελόνι

farmer
τζιν παντελόνι

szoknya
φούστα

blúz
μπλούζα

ing
πουκάμισο

pulóver
πουλόβερ

kapucnis pulóver
πουλόβερ

blézer
σακάκι

dzseki
μπουφάν

kabát
παλτό

esőkabát
αδιάβροχο πανωφόρι

kosztüm
κοστούμι

ruha
φόρεμα

esküvői ruha
νυφικό

öltöny
κοστούμι

hálóing
νυχτικό

pizsama
πιτζάμες

szári
σάρι

fejkendő
μαντήλι

turbán
τουρμπάνι

burka
μπούρκα

kaftán
καφτάνι

abaya
μουσουλμανικό ένδυμα

fürdőruha
ολόσωμο μαγιό

fürdőnadrág
ανδρικό μαγιό

rövidnadrág
σορτς

tréningruha
αθλητική φόρμα

kötény
ποδιά

kesztyű
γάντια

gomb

κουμπί

szemüveg

γυαλιά

karkötő

βραχιόλι

nyaklánc

περιδέραιο

gyűrű

δαχτυλίδι

fülbevaló

σκουλαρίκι

sapka

καπέλο

vállfa

κρεμάστρα

kalap

καπέλο

nyakkendő

γραβάτα

cipzár

φερμουάρ

bukósisak

κράνος

nadrágtartó

τιράντες

iskolai egyenruha

μαθητική στολή

egyenruha

στολή

előke
σαλιάρα

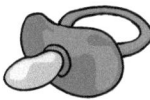

cumi
πιπίλα

pelenka
πάνα

iroda
γραφείο

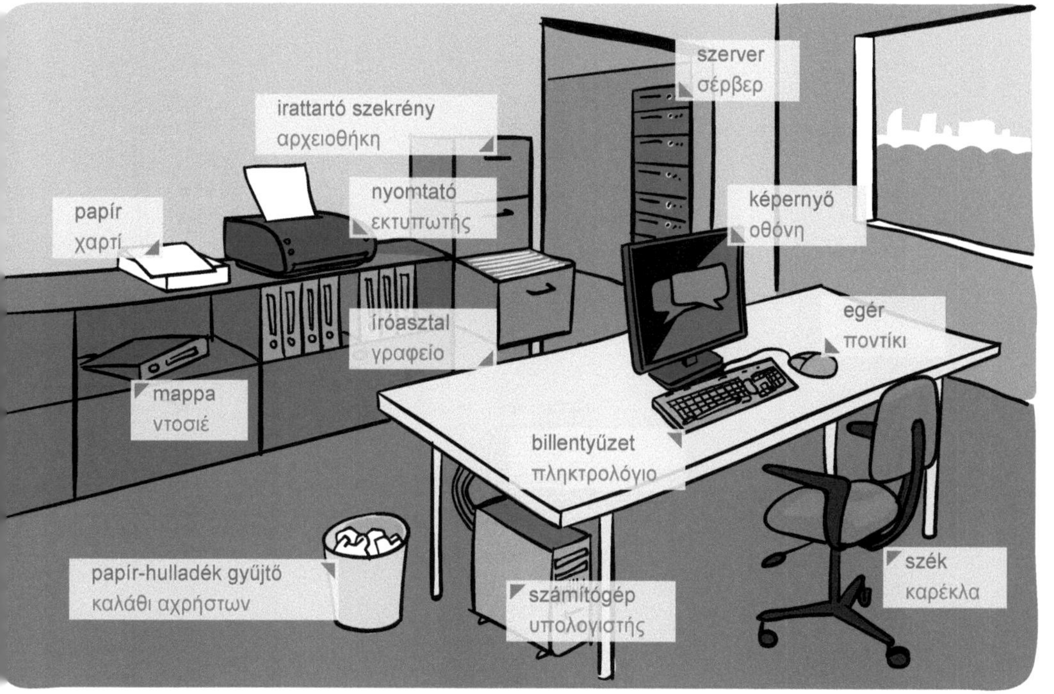

szerver
σέρβερ

irattartó szekrény
αρχειοθήκη

nyomtató
εκτυπωτής

képernyő
οθόνη

papír
χαρτί

íróasztal
γραφείο

egér
ποντίκι

mappa
ντοσιέ

billentyűzet
πληκτρολόγιο

papír-hulladék gyüjtö
καλάθι αχρήστων

szék
καρέκλα

számítógép
υπολογιστής

kávéscsésze
κούπα του καφέ

számológép
κομπιουτεράκι

internet
ίντερνετ

laptop

λάπτοπ

levél

γράμμα

üzenet

μήνυμα

mobiltelefon

κινητό

hálózat

δίκτυο

fénymásoló

φωτοτυπικό μηχάνημα

szoftver

λογισμικό

telefon

τηλέφωνο

konnektor

πρίζα

faxgép

συσκευή φαξ

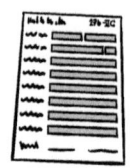

formanyomtatvány

έντυπο

dokumentum

έγγραφο

iroda - γραφείο

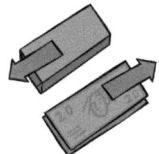

venni

αγοράζω

fizetni

πληρώνω

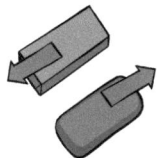

kereskedni

συναλλάσσομαι

pénz

χρήματα

dollár

δολάριο

euró

ευρώ

jen

γιεν

rubel

ρούβλι

svájci frank

ελβετικό φράγκο

kínai jüan

ρενμίνμπι γιουάν

rúpia

ρουπία

bankautomata

ATM (αυτόματη ταμειακή μηχανή)

valutaváltó iroda

ανταλλακτήρια
συναλλάγματος

arany

χρυσός

ezüst

ασήμι

olaj

πετρέλαιο

energia

ενέργεια

ár

τιμή

szerződés

συμβόλαιο

adó

φόρος

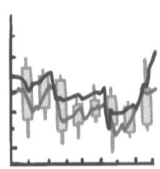

részvény

μετοχή

dolgozni

δουλεύω

munkavállaló

υπάλληλος

munkaadó

εργοδότης

gyár

εργοστάσιο

üzlet

κατάστημα

foglalkozások
επαγγέλματα

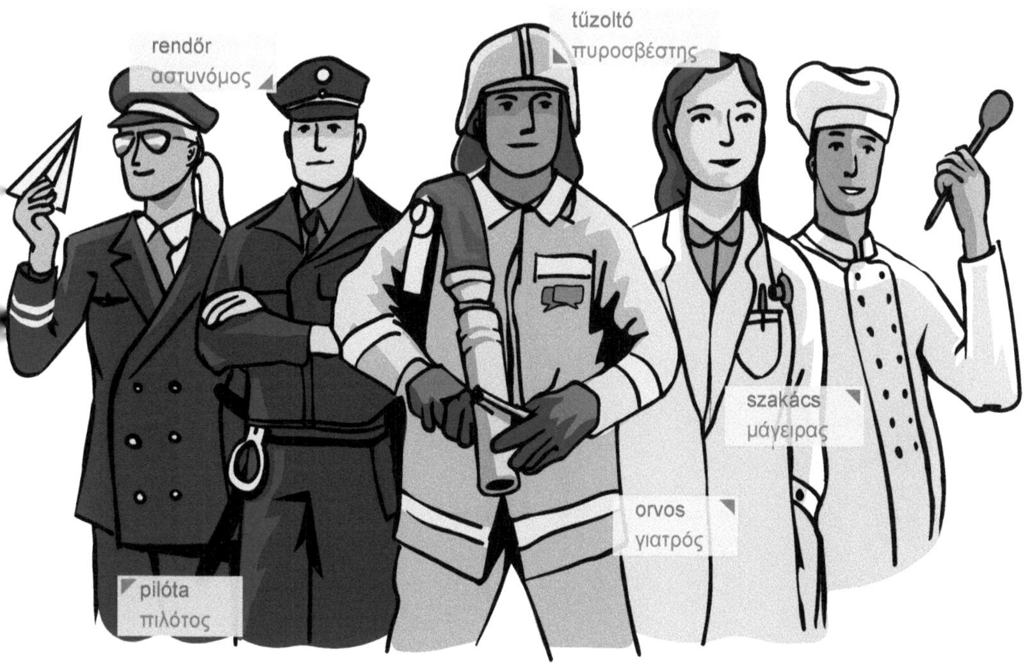

rendőr
αστυνόμος
tűzoltó
πυροσβέστης
szakács
μάγειρας
orvos
γιατρός
pilóta
πιλότος

kertész

κηπουρός

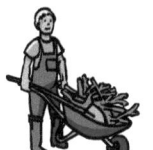

kárpitos

ξυλουργός

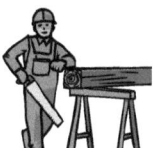

varrónő

μοδίστρα

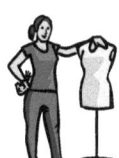

bíró

δικαστής

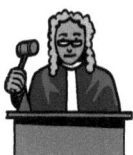

vegyész

χημικός

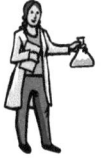

színész

ηθοποιός

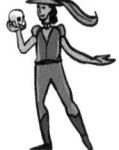

buszsofőr

οδηγός λεωφορείου

taxisofőr

ταξιτζής

halász

ψαράς

bejárónő

καθαρίστρια

tetőfedő

τεχνίτης στεγών

pincér

σερβιτόρος

vadász

κυνηγός

festő

ζωγράφος

pék

αρτοποιός

villanyszerelő

ηλεκτρολόγος

építőmunkás

οικοδόμος

mérnök

μηχανολόγος

hentes

κρεοπώλης

vízvezeték-szerelő

υδραυλικός

postás

ταχυδρόμος

katona

στρατιώτης

építész

αρχιτέκτονας

eladó

ταμίας

virágos

ανθοπώλης

fodrász

κομμωτής

kalauz

ελεγκτής εισιτηρίων

műszerész

μηχανικός

kapitány

καπετάνιος

fogorvos

οδοντίατρος

tudós

επιστήμονας

rabbi

ραβίνος

imám

ιμάμης

szerzetes

μοναχός

lelkész

ιερέας

szerszámok
εργαλεία

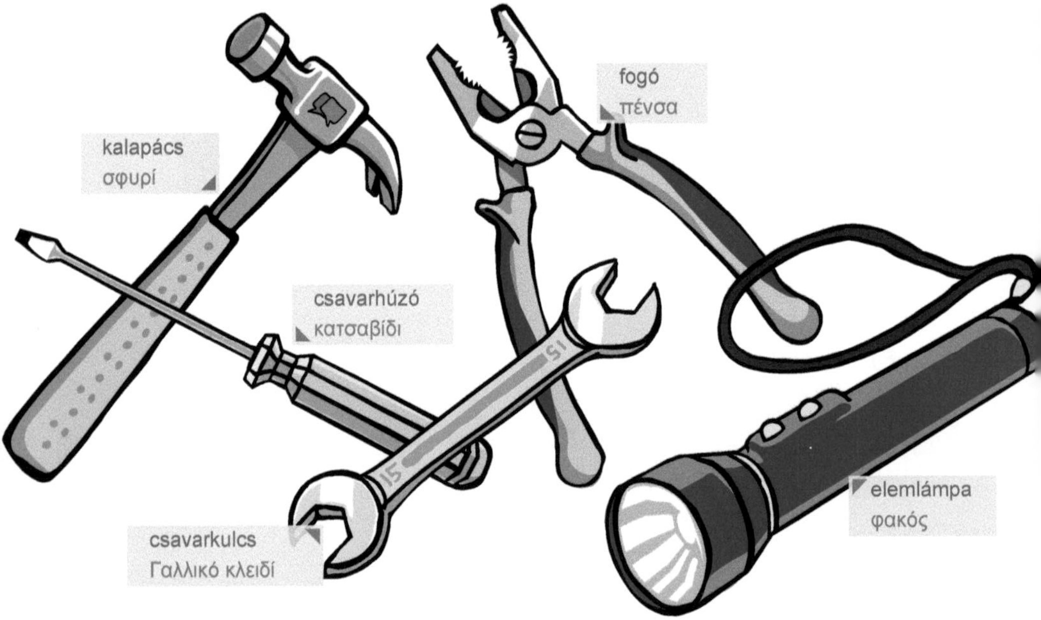
kalapács
σφυρί
fogó
πένσα
csavarhúzó
κατσαβίδι
csavarkulcs
Γαλλικό κλειδί
elemlámpa
φακός

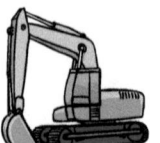

markológép

εκσκαφέας

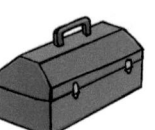

szerszámosláda

εργαλειοθήκη

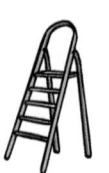

vödör

σκάλα

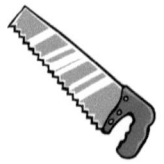

fűrész

πριόνι

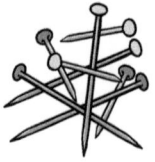

szög

καρφιά

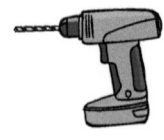

fúrógép

τρυπάνι

megjavítani

επισκευάζω

lapát

φτυάρι

A francba!

Να πάρει!

szemétlapát

φαράσι

festékesdoboz

δοχείο χρωμάτων

csavar

βίδες

hangszerek

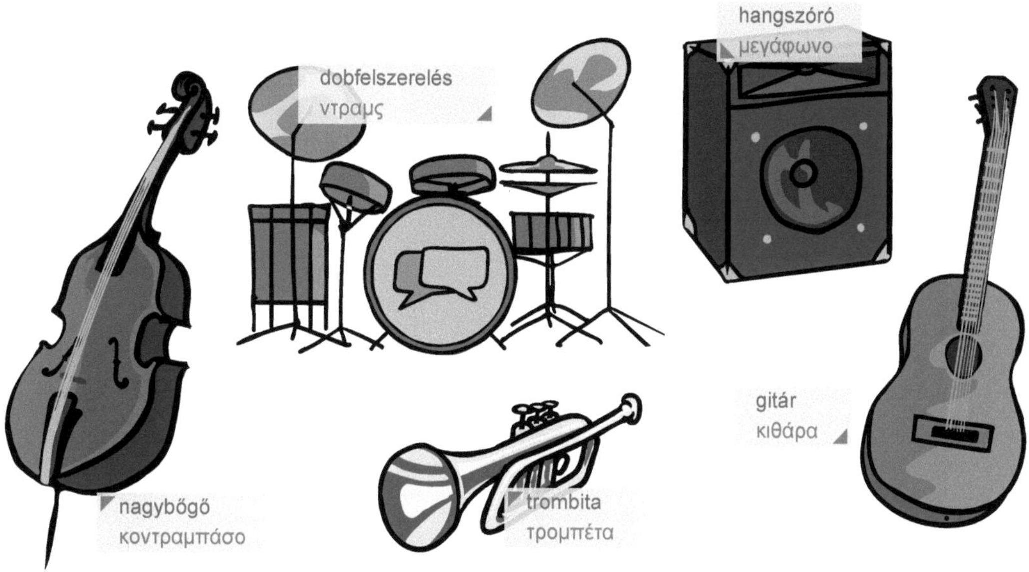

μουσικά όργανα

dobfelszerelés
ντραμς

hangszóró
μεγάφωνο

gitár
κιθάρα

nagybőgő
κοντραμπάσο

trombita
τρομπέτα

zongora

πιάνο

hegedű

βιολί

basszusgitár

μπάσο

üstdob

τύμπανα

dobok

τύμπανο

digitális zongora

πλήκτρα

szaxofon

σαξόφωνο

fuvola

φλάουτο

mikrofon

μικρόφωνο

állatkert
ζωολογικός κήπος

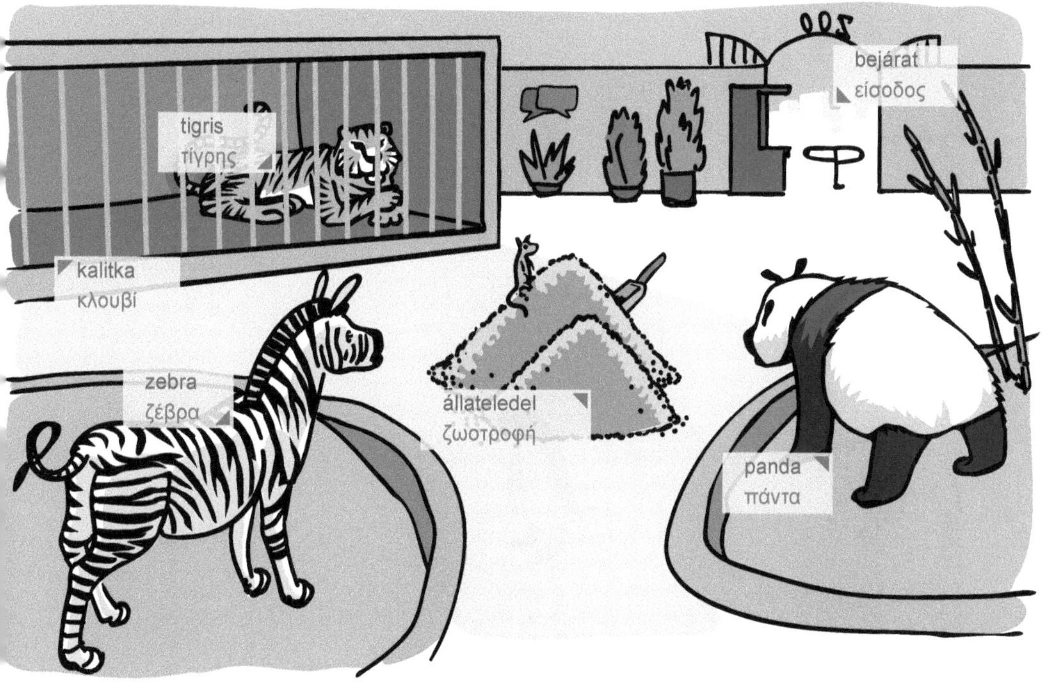

zoo
bejárat
είσοδος
tigris
τίγρης
kalitka
κλουβί
zebra
ζέβρα
állateledel
ζωοτροφή
panda
πάντα

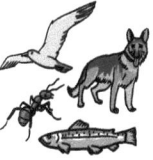

állatok

ζώα

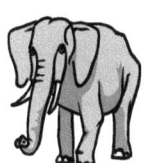

elefánt

ελέφαντας

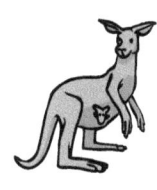

kenguru

καγκουρό

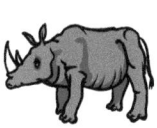

orrszarvú

ρινόκερος

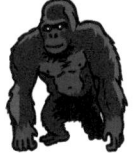

gorilla

γορίλας

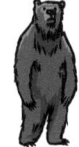

medve

αρκούδα

teve

καμήλα

strucc

στρουθοκάμηλος

oroszlán

λιοντάρι

majom

πίθηκος

flamingó

φλαμίνγκο

papagáj

παπαγάλος

jegesmedve

πολική αρκούδα

pingvin

πιγκουίνος

cápa

καρχαρίας

páva

παγώνι

kígyó

φίδι

krokodil

κροκόδειλος

állatgondozó

φύλακας ζωολογικού κήπου

fóka

φώκια

jaguár

τζάγκουαρ

póniló

πόνυ

leopárd

λεοπάρδαλη

víziló

ιπποπόταμος

zsiráf

καμηλοπάρδαλη

sas

αετός

vaddisznó

αγριογούρουνο

hal

ψάρι

teknős

χελώνα

rozmár

θαλάσσιος ίππος

róka

αλεπού

gazella

γαζέλα

amerikai futball
Αμερικάνικο ποδόσφαιρο

kerékpározás
ποδηλασία

tenisz
αντισφαίριση

kosárlabda
μπάσκετ

úszás
κολύμβηση

boksz
πυγμαχία

jégkorong
χόκεϋ επί πάγου

futball
ποδόσφαιρο

tollas
μπάντμιντον

atlétika
στίβος

kézilabda
χάντμπολ

síelés
σκι

lovaspóló
πόλο

tevékenységek
δραστηριότητες

nevetni
γελάω
ugrani
πηδάω
ölelni
αγκαλιάζω
sétálni
περπατάω
énekelni
τραγουδάω
álmodni
ονειρεύομαι
dicsérni
προσεύχομαι
csókolni
φιλάω

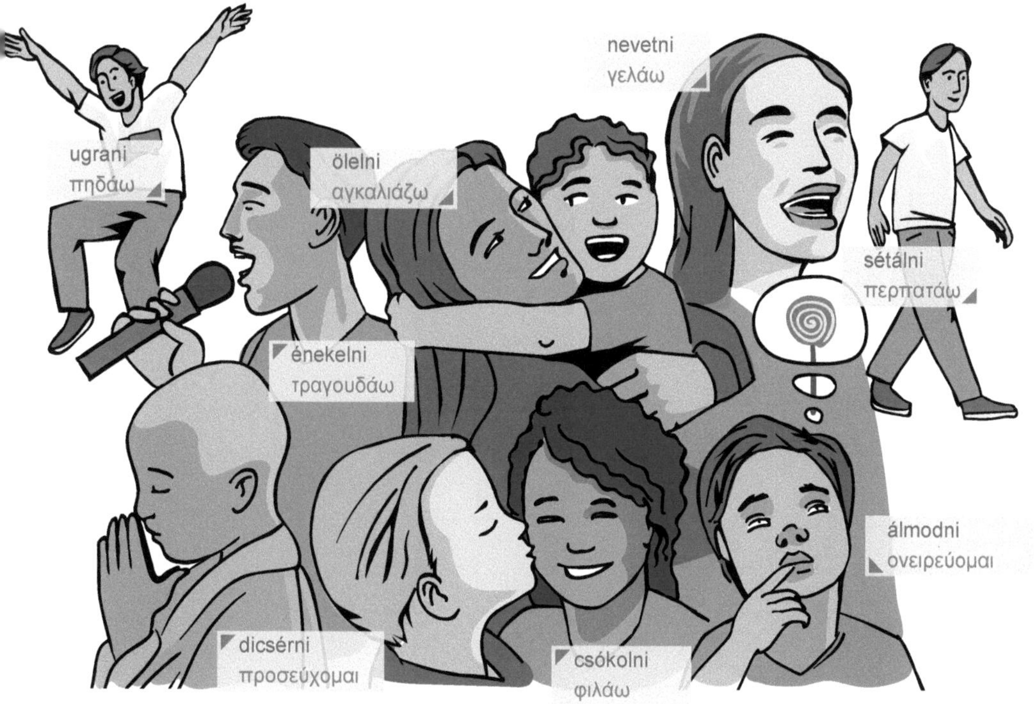

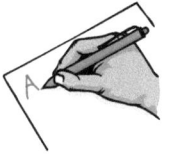

írni

γράφω

rajzolni

σχεδιάζω

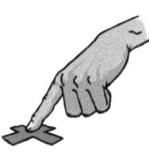

mutatni

δείχνω

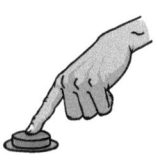

tolni

πιέζω

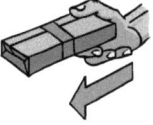

adni

δίνω

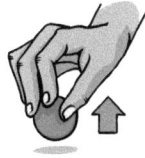

vinni

παίρνω

birtokolni

έχω

csinálni

κάνω

lenni

είμαι

állni

στέκομαι

futni

τρέχω

húzni

τραβάω

hajít

ρίχνω

esni

πέφτω

hazudni

ξαπλώνω

várni

περιμένω

vinni

κουβαλώ

ülni

κάθομαι

felvenni

φοράω

aludni

κοιμάμαι

felébredni

ξυπνάω

ránézni

κοιτάω

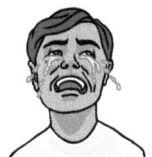

sírni

κλαίω

simogat

χαϊδεύω

fésülni

χτενίζω

beszélni

μιλάω

megérteni

καταλαβαίνω

kérdezni

ρωτάω

hallgatni

ακούω

inni

πίνω

enni

τρώω

takarítani

συγυρίζω

szeretni

αγαπάω

főzni

μαγειρεύω

vezetni

οδηγώ

szállni

πετάω

vitorlázni

κάνω ιστιοπλοΐα

számol

υπολογίζω

olvasni

διαβάζω

tanulni

μαθαίνω

dolgozni

δουλεύω

házasodni

παντρεύομαι

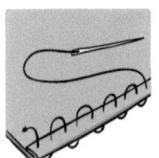

varrni

ράβω

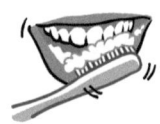

fogat mosni

βουρτσίζω τα δόντια

ölni

σκοτώνω

dohányozni

καπνίζω

küldeni

στέλνω

nagymama
γιαγιά

nagypapa
παππούς

apa
πατέρας

anya
μητέρα

kisbaba
μωρό

lány
κόρη

fiú
γιος

vendég

καλεσμένος

nagynéni

θεία

nagybácsi

θείος

fiútestvér

αδελφός

lánytestvér

αδελφή

test

σώμα

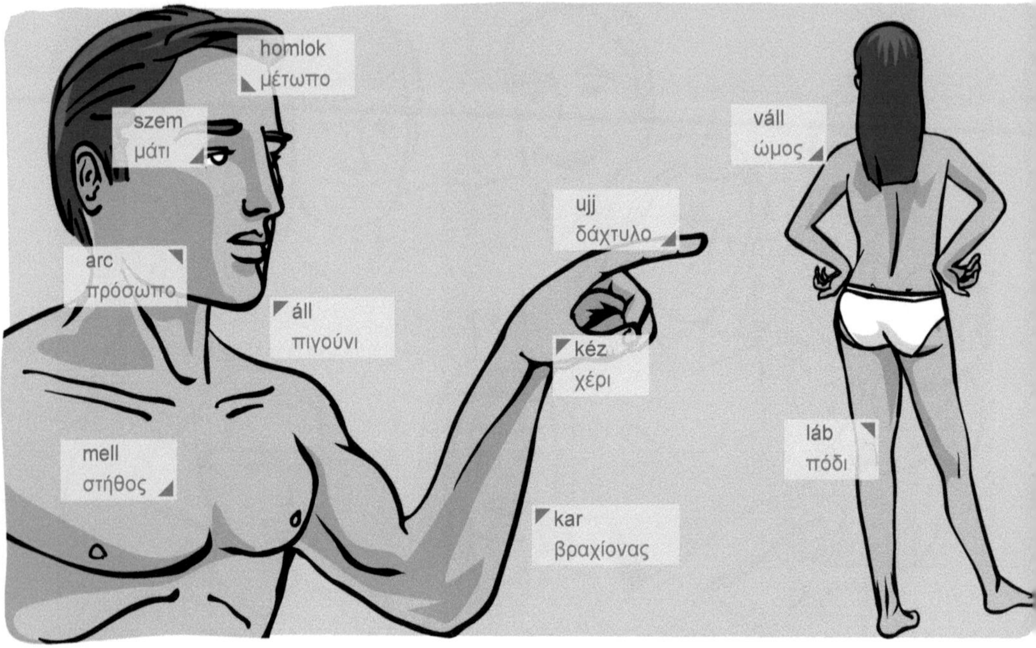
homlok
μέτωπο
szem
μάτι
váll
ώμος
ujj
δάχτυλο
arc
πρόσωπο
áll
πιγούνι
kéz
χέρι
láb
πόδι
mell
στήθος
kar
βραχίονας

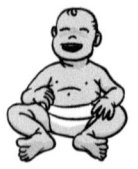

kisbaba

μωρό

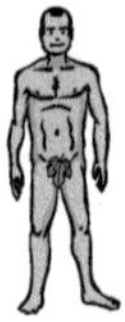

ember

άνδρας

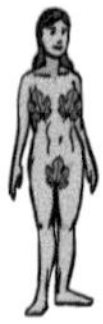

nő

γυναίκα

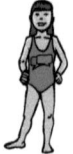

lány

κορίτσι

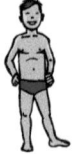

fiú

αγόρι

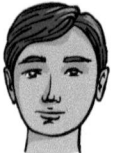

fej

κεφάλι

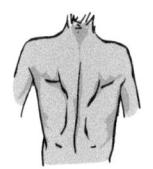

hát
πλάτη

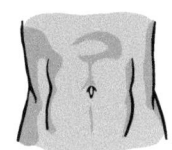

has
κοιλιά

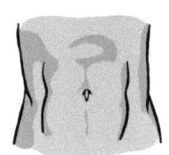

köldök
αφαλός

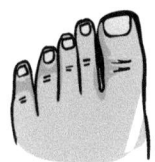

lábujj
δάχτυλο ποδιού

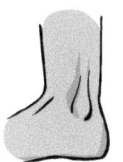

sarok
φτέρνα

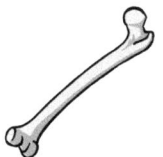

csont
κόκκαλο

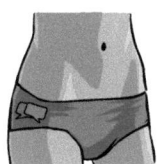

csípő
γοφός

térd
γόνατο

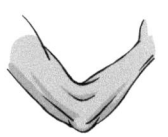

könyök
αγκώνας

orr
μύτη

fenék
γλουτός

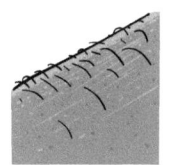

bőr
δέρμα

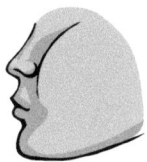

orca
μάγουλο

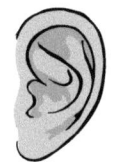

fül
αυτί

ajak
χείλος

száj

στόμα

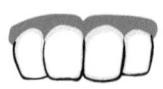

fog

δόντι

nyelv

γλώσσα

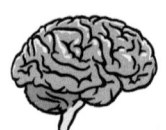

agy

εγκέφαλος

szív

καρδιά

izom

μυς

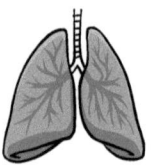

tüdö

πνεύμονας

máj

συκώτι

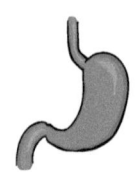

gyomor

στομάχι

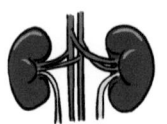

vese

νεφρά

szex

σεξουαλική επαφή

kondom

προφυλακτικό

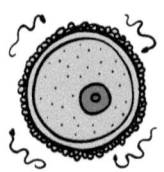

petesejt

ωάριο

sperma

σπέρμα

terhesség

εγκυμοσύνη

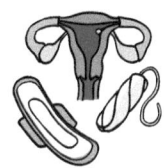

menstruáció

περίοδος

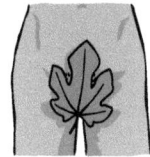

vagina

γυναικείος κόλπος

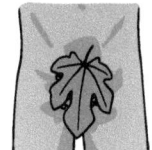

pénisz

πέος

szemöldök

φρύδι

haj

μαλλιά

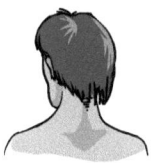

nyak

λαιμός

kórház
νοσοκομείο

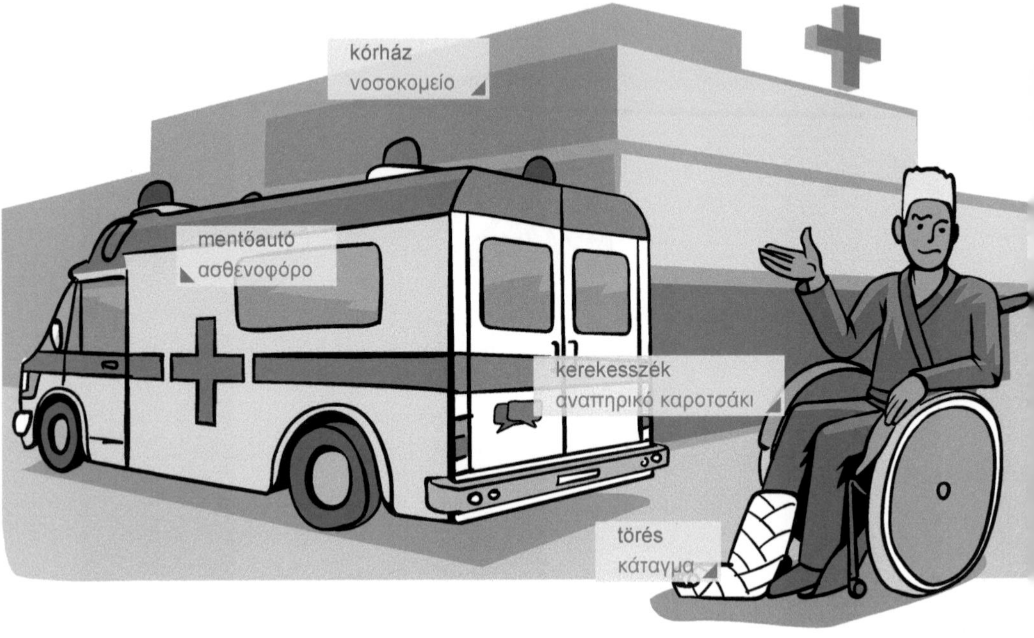

kórház
νοσοκομείο
mentőautó
ασθενοφόρο
kerekesszék
αναπηρικό καροτσάκι
törés
κάταγμα

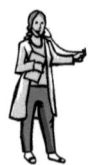

orvos

γιατρός

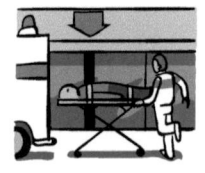

sürgősségi osztály

μονάδα εντατικής θεραπείας

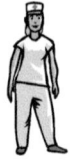

ápoló

νοσοκόμα

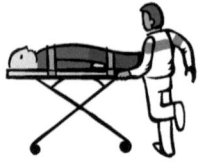

vészhelyzet

έκτακτη ανάγκη

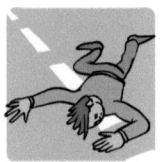

eszméletlen

λιπόθυμος

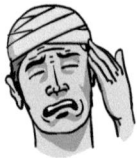

fájdalom

πόνος

sérülés

τραύμα

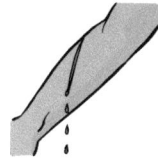

vérzés

αιμορραγία

szívroham

έμφραγμα

szélütés

εγκεφαλικό

allergia

αλλεργία

köhögés

βήχας

láz

πυρετός

influenza

γρίπη

hasmenés

διάρροια

fejfájás

πονοκέφαλος

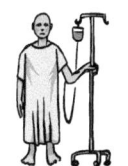

rák

καρκίνος

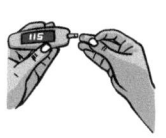

cukorbetegség

διαβήτης

sebész

χειρουργός

szike

νυστέρι

műtét

εγχείρηση

CT

αξονική τομογραφία

röntgen

ακτινογραφία

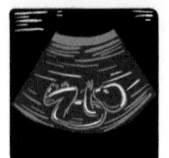

ultrahang

υπέρηχος

arcmaszk

μάσκα

betegség

ασθένεια

váróterem

αίθουσα αναμονής

mankó

πατερίτσα

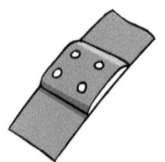

sebtapasz

χάνσαπλαστ

kötszer

επίδεσμος

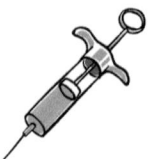

injekció

ένεση

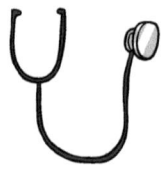

sztetoszkóp

στηθοσκόπιο

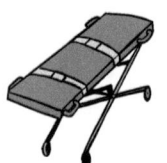

hordágy

φορείο

klinikai hőmérő

θερμόμετρο

születés

γέννηση

túlsúly

υπέρβαρο

kórház - νοσοκομείο

hallókészülék

ακουστικό βαρηκοΐας

fertőtlenítőszer

αντισηπτικό

fertőzés

λοίμωξη

vírus

ιός

HIV/AIDS

HIV/AIDS

orvosság

φάρμακο

oltás

εμβολιασμός

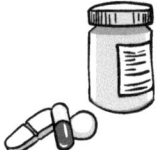

tabletták

δισκία

tabletta

χάπι

sürgősségi hívás

κλήση έκτακτης ανάγκης

vérnyomásmérő

πιεσόμετρο αίματος

betegség / egészség

άρρωστος / υγιής

Segítség!
Βοήθεια!

riasztás
συναγερμός

rajtaütés
βιαιοπραγία

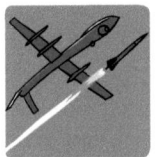

támadás
επίθεση

veszély
κίνδυνος

vészkijárat
έξοδος κινδύνου

tűz!
Φωτιά!

tűzoltókészülék
πυροσβεστήρας

baleset
ατύχημα

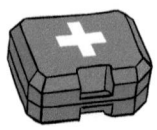

elsősegélycsomag
κουτί πρώτων βοηθειών

SOS
SOS

rendőrség
αστυνομία

Európa

Ευρώπη

Észak-Amerika

Βόρεια Αμερική

Dél-Amerika

Νότια Αμερική

Afrika

Αφρική

Ázsia

Ασία

Ausztrália

Αυστραλία

Atlanti-óceán

Ατλαντικός Ωκεανός

Csendes-óceán

Ειρηνικός Ωκεανός

Indiai-óceán

Ινδικός Ωκεανός

Déli-óceán

Ανταρκτικός Ωκεανός

Jeges-tenger

Αρκτικός Ωκεανός

Északi-sark

Βόρειος Πόλος

Déli-sark

Νότιος Πόλος

Antarktisz

Ανταρκτική

föld

Γη

szárazföld

γη

tenger

θάλασσα

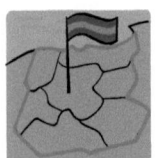

sziget

νησί

nemzet

έθνος

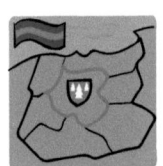

állam

πολιτεία

számlap

καντράν ρολογιού

kismutató

ωροδείκτης

nagymutató

λεπτοδείκτης

másodpercmutató

δείκτης δευτερολέπτων

Mennyi az idő?

Τι ώρα είναι;

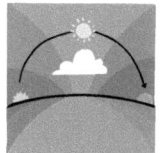

nap

ημέρα

idő

χρόνος

most

τώρα

digitális óra

ψηφιακό ρολόι

perc

λεπτό

óra

ώρα

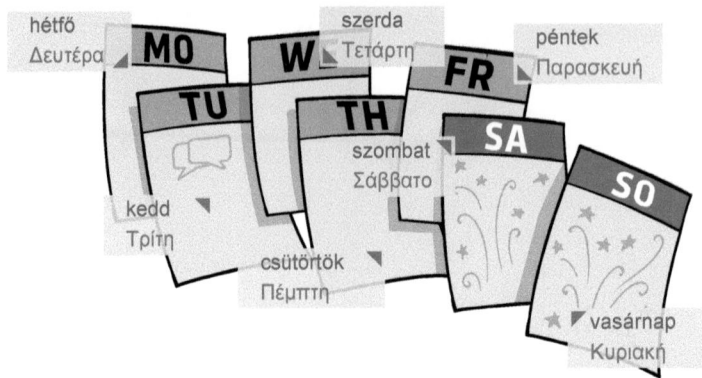

hétfő
Δευτέρα

szerda
Τετάρτη

péntek
Παρασκευή

kedd
Τρίτη

szombat
Σάββατο

csütörtök
Πέμπτη

vasárnap
Κυριακή

tegnap

χθες

ma

σήμερα

holnap

αύριο

reggel

πρωί

dél

μεσημέρι

este

βράδυ

MO	TU	WE	TH	FR	SA	SU
1	2	3	4	5	6	7
8	9	10	11	12	13	14
15	16	17	18	19	20	21
22	23	24	25	26	27	28
29	30	31	1	2	3	4

hétköznap

εργάσιμες ημέρες

MO	TU	WE	TH	FR	SA	SU
1	2	3	4	5	6	7
8	9	10	11	12	13	14
15	16	17	18	19	20	21
22	23	24	25	26	27	28
29	30	31	1	2	3	4

hétvége

Σαββατοκύριακο

eső
βροχή

szivárvány
ουράνιο τόξο

szél
άνεμος

hó
χιόνι

tavasz
άνοιξη

ősz
φθινόπωρο

nyár
καλοκαίρι

tél
χειμώνας

4.APRIL	11°	☀
5.APRIL	4°	☔
6.APRIL	13°	☁
7.APRIL	8°	☀
8.APRIL	10°	☀

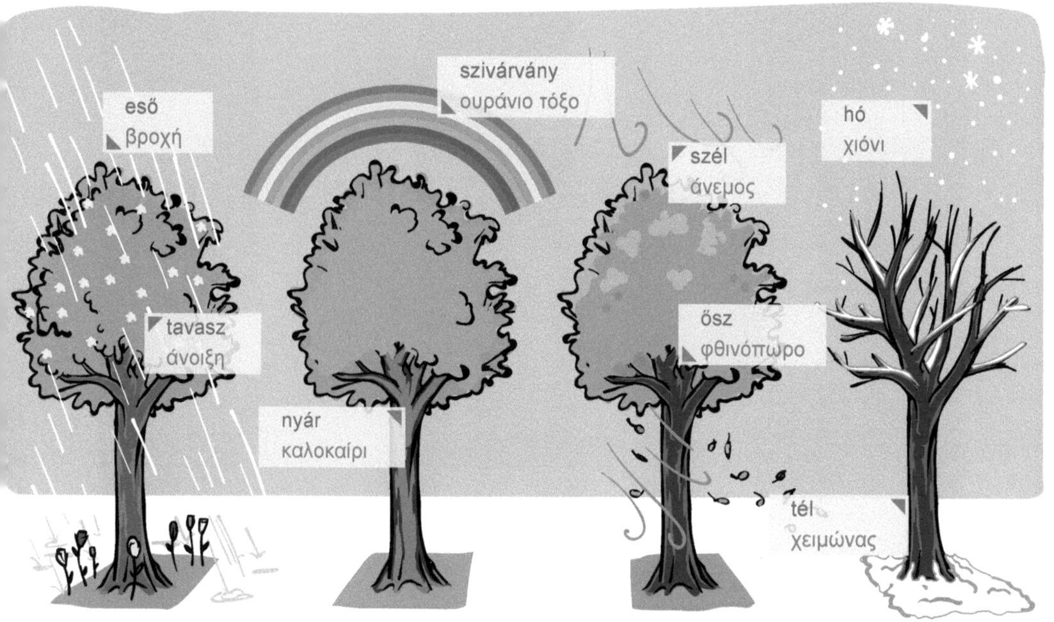

időjárás előrejelzés
πρόγνωση καιρού

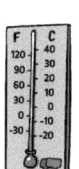

hőmérő
θερμόμετρο

napsütés
λιακάδα

felhő
σύννεφο

köd
ομίχλη

páratartalom
υγρασία

villámlás
αστραπή

mennydörgés
κεραυνός

vihar
καταιγίδα

jégeső
χαλάζι

monszun
μουσώνας

áradás
πλημμύρα

jég
πάγος

január
Ιανουάριος

február
Φεβρουάριος

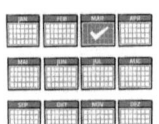

március
Μάρτιος

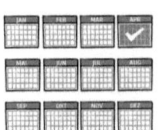

április
Απρίλιος

május
Μάιος

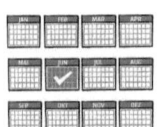

június
Ιούνιος

július
Ιούλιος

augusztus
Αύγουστος

év - έτος

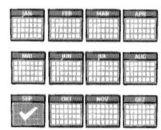

szeptember

Σεπτέμβριος

október

Οκτώβριος

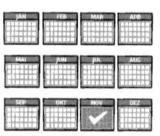

november

Νοέμβριος

december

Δεκέμβριος

kör

κύκλος

négyzet

τετράγωνο

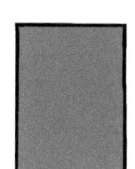

téglalap

ορθογώνιο
παραλληλόγραμμο

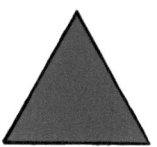

háromszög

τρίγωνο

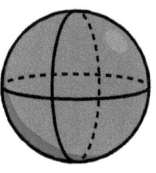

gömb

σφαίρα

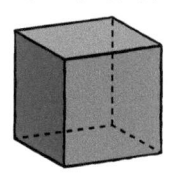

kocka

κύβος

fehér

άσπρο

sárga

κίτρινο

narancs

πορτοκαλί

rózsaszín

ροζ

piros

κόκκινο

lila

μωβ

kék

μπλε

zöld

πράσινο

barna

καφέ

szürke

γκρι

fekete

μαύρο

sok / kevés

πολύ / λίγο

mérges / nyugodt

θυμωμένος / ήρεμος

szép / csúnya

όμορφος / άσχημος

kezdet / vég

αρχή / τέλος

nagy / kicsi

μεγάλος / μικρός

világos / sötét

φωτεινός / σκοτεινός

fivér / nővér

αδελφός / αδελφή

tiszta / koszos

καθαρός / λερωμένος

teljes / nem teljes

πλήρης / ατελής

nappal / éjszaka

ημέρα / νύχτα

halott / élő

νεκρός / ζωντανός

széles / keskeny

φαρδύς / στενός

ehető / nem ehető

βρώσιμος / μη βρώσιμος

gonosz / kedves

κακός / ευγενικός

izgatott / unott

ενθουσιασμένος /
βαριεστημένος

kövér / vékony

παχύς / λεπτός

első / utolsó

πρώτος / τελευταίος

barát / ellenség

φίλος / εχθρός

teli / üres

γεμάτος / άδειος

kemény / puha

σκληρός / μαλακός

nehéz / könnyű

βαρύς / ελαφρύς

éhség / szomjúság

πείνα / δίψα

betegség / egészség

άρρωστος / υγιής

illegális / legális

παράνομος / νόμιμος

intelligens / buta

έξυπνος / χαζός

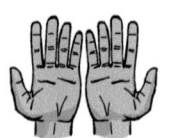

bal / jobb

αριστερός / δεξιός

közel / távol

κοντινός / μακρινός

új / használt

καινούριος / μεταχειρισμένος

semmi / valami

τίποτα / κάτι

idős / fiatal

γέρος | νέος

be / ki

αναμμένος / σβηστός

nyitva / zárva

ανοιχτός / κλειστός

csendes / hangos

χαμηλόφωνος / μεγαλόφωνος

gazdag / szegény

πλούσιος / φτωχός

helyes / helytelen

σωστός / λανθασμένος

érdes / sima

τραχύς / λείος

szomorú / vidám

λυπημένος / χαρούμενος

rövid / hosszú

κοντός / μακρύς

lassú / gyors

αργός / γρήγορος

nedves / száraz

υγρός / στεγνός

meleg / hideg

ζεστός / δροσερός

háború / béke

πόλεμος / ειρήνη

ellentétek - αντίθετα

0	**1**	**2**
nulla	egy	kettő
μηδέν	ένα	δύο

3	**4**	**5**
három	négy	öt
τρία	τέσσερα	πέντε

6	**7**	**8**
hat	hét	nyolc
έξι	εφτά	οκτώ

9	**10**	**11**
kilenc	tíz	tizenegy
εννιά	δέκα	έντεκα

12

tizenkettő

δώδεκα

13

tizenhárom

δεκατρία

14

tizennégy

δεκατέσσερα

15

tizenöt

δεκαπέντε

16

tizenhat

δεκαέξι

17

tizenhét

δεκαεφτά

18

tizennyolc

δεκαοκτώ

19

tizenkilenc

δεκαεννέα

20

húsz

είκοσι

100

száz

εκατό

1.000

ezer

χίλια

1.000.000

millió

εκατομμύριο

angol

Αγγλικά

amerikai angol

Αμερικάνικα Αγγλικά

mandarin kínai

Μανδαρίνικα Κινέζικα

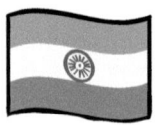

hindi

Χίντι

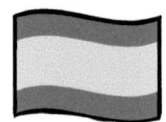

spanyol

Ισπανικά

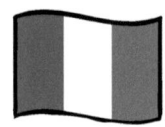

francia

Γαλλικά

arab

Αραβικά

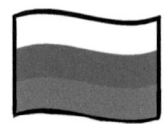

orosz

Ρώσικα

portugál

Πορτογαλικά

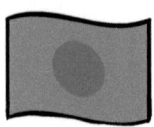

bengáli

Μπενγκάλι

német

Γερμανικά

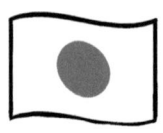

japán

Ιαπωνικά

én

εγώ

te

εσύ

ö

αυτός / αυτή / αυτό

mi

εμείς

ti

εσείς

ők

αυτοί / αυτές / αυτά

ki?

ποιος / ποια / ποιο;

mi?

τι;

hogyan?

πώς;

hol?

πού;

mikor?

πότε;

név

όνομα

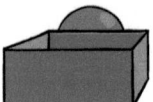

mögött

πίσω

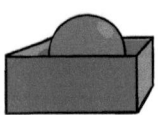

benne

μέσα

előtte

μπροστά

felette

πάνω από

rajta

πάνω

alatta

κάτω

mellett

δίπλα

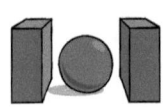

között

ανάμεσα

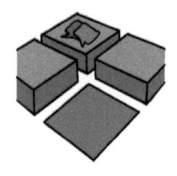

hely

μέρος